صورة الكوكب الذي ينفي باجتماعها البعوض
ـد تصور في صحيفة وتصوير هذه الصـ
ـنه ويوضع في موضع فان الذباب تهرب منه وهذه صورة النجوم التي ينفي باجتما
ـه  طلسم عجيب اذا اردت ان يأتيك من تحبه مسرعا فارسم هذ
ـه في خرقة جديدة بيوم الزهرة وساعتها والطالع الوجه الثاني من الثور
ـه فيه وقد طرفها بالنار واذكر اسم من تريده فانه يأتيك مسرعا الحال
العمل وهذه يتولد عند دلالة الزهرة وهي في هذا الوجه وهذه الصورة
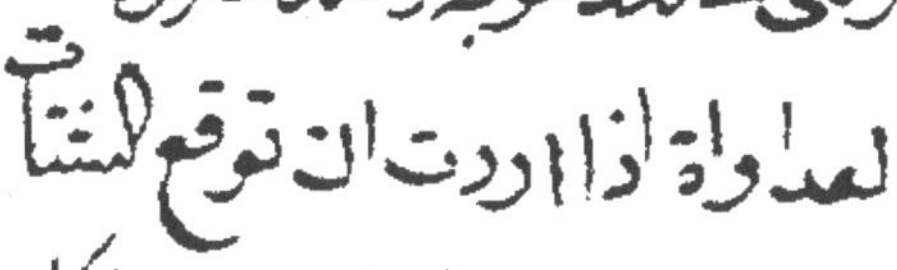 طلسم لعداوة اذا اردت ان توقع الشتات
ـة بين شخصين فترسم هذه الصورة في صحيفة رصاص اسود بناب كلب
ـد بيوم زحل وساعته والطالع الوجه الثالث من الجدي وزحل فيه ويعلو ويضع
الصحيفة في موضع احدهما او في موضع اجتماعهما فانهما يفترقان بالحـ
ـن ويتولد هذه الصورة عند قوة دلالة زحل وهو في هذا الوجه وذهـ
ـو التي ترسم 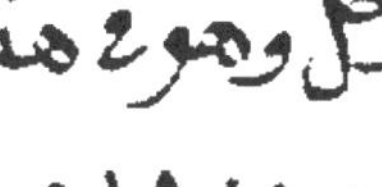 طلسم لاخلا الموضع ومنع عمارته
ـر هذه الصورة بناب خنزير في صحيفة رصاص بيوم زحل وساعته والطالع
الثاني من الجدي فيه وضع تلك الصورة في الموضع الذي يريده فان الا... الرجل

تحرقه

監修者——木村靖二／岸本美緒／小松久男／佐藤次高

［カバー表写真］
マンスール頭像，バグダード

［カバー裏写真］
クーファの大モスク

［扉写真］
占星魔術書『賢者の極み』（10～11世紀）の写本
（19世紀，東京大学東洋文化研究所所蔵）

世界史リブレット人20

マンスール

イスラーム帝国の創建者

Kono Taisuke
高野 太輔

目次

イスラーム帝国の創建者

イスラーム世界の君主と聞いて、誰の名を思い浮かべるだろうか。十字軍の侵略と戦ったアイユーブ朝のサラーフ・アッディーン（サラディン）、世界征服の夢破れた英雄ティムール、ウィーンを包囲してヨーロッパを震撼させたオスマン朝のスレイマン大帝などは、世界史の教科書でもおなじみの顔ぶれであろう。しかし、本書の主人公であるマンスールの名は、あまり日本人の間では知られていないかもしれない。

マンスール（七一三?～七七五）とは、アッバース朝（七四九～一二五八年）の第二代カリフ▲にして、この王朝の実質的な創建者である。在位期間は七五四年から七七五年までであるから、わが国の歴史でいうと奈良時代後期に活躍した人

▼カリフ　預言者ムハンマドの「代理人」もしくは「後継者」を指す称号。元来はイスラーム教団の指導者という意味合いであったが、アラブの大征服が成功した後には、ムスリム国家の最高君主と同義になった。アミール・アルムーミニーン（信徒の長）と呼ぶこともある。

物ということになる。アッバース朝はウマイヤ朝▲に続く史上二番目のイスラーム王朝で、東は中央アジアのシル川附近から、西は北アフリカのモロッコにいたるまで、東西六〇〇〇キロにもおよぶ版図を支配した巨大国家であった。この数字は、日本列島から中国・東南アジアを飛び越えて、インドにまで到達する遠大な距離である。帝国の都はイラク中央部のバグダードにおかれており、この町を造営したのがほかならぬマンスールであった。

アッバース朝の君主といえば、日本では第五代カリフにあたるハールーン・アッラシード▲のほうがいくらか有名である。ハールーンはマンスールの孫にあたる人物で、アラブ文学の傑作『千夜一夜物語』▲(アラビアン・ナイト)にも登場することから、アッバース朝最盛期を築いたカリフとして世界中にその存在が知れわたることになった。しかし、当の西アジア社会においてはマンスールの名もハールーンに負けず劣らず有名であり、わが国における源頼朝や足利尊氏の如く親しまれているのである。

「マンスール」というのはカリフに即位してから名乗った一種の尊号で、通称▲はアブー・ジャアファル、本名はアブドゥッラー・ブン・ムハンマド・ブ

▼ウマイヤ朝　クライシュ族ウマイヤ家の出身者が代々のカリフ位を世襲した、史上初のイスラーム王朝（六六一〜七五〇年）。六頁以降参照。

▼ハールーン・アッラシード（在位七八六〜八〇九）　バルマク家の宰相に支えられ、東ローマ遠征などに功績のあったカリフ。彼の治世を境として、アッバース朝の版図は分裂に向かっていった。

▼『千夜一夜物語』　長大なアラビア語の説話集。カイロで十六世紀までに現在のかたちになったといわれる。妃の不貞によって女性不信に陥ったシャハリヤール王に対し、夜伽を命じられた大臣の娘シェヘラザードが千一夜にわたってさまざまな物語を紡ぎ出し、王の良心を取り戻すという筋立てになっている。

▼通称　アラビア語ではクンヤ。当時のムスリム社会では、相手の長男の名前を取って「〜の父」「〜の母」と呼びかけるのが礼儀であった。アブー・ジャアファルとは、「ジャアファルの父」を意味する。

●アッバース朝の版図

●マンスールの頭像　故サダム・フセイン大統領(二〇〇三年逮捕、〇六年処刑)がバグダードにつくった巨大な頭像。二〇〇五年に過激派によって破壊されたが、〇八年にふたたび設置し直された。現代芸術家のハーリド・アッラッハール作。

ン・アリー・ブン・アブドゥッラー・ブン・アッバースといった。やたらと名前が長いのは、当時のアラブ人が苗字というものをもたず、自分の名前のあとに父親の名前、祖父の名前、曾祖父の名前……という順番に先祖代々の系譜を並べたからである。四代前の高祖父アッバース（六五三没）は預言者ムハンマドの叔父にあたる人物で、クライシュ族▲ハーシム家の要人であった。もとは金貸し▲をしていて羽振りが良かったせいか、イスラームへの改宗は周囲の親族より遅れたものの、六三〇年頃にムハンマドの教えを受け入れてからは敬虔《けいけん》なムスリム（イスラーム教徒）となり、フナインの戦い▲などで活躍した。その息子アブドゥッラー（マンスールの曾祖父）は学究肌の人物で、「大海」（バフル）の異名をもつ高名な伝承学者となっている。

　このアブドゥッラーの子孫たちを、アッバースの末裔という意味でアッバース家と呼ぶ。血筋としては、預言者ムハンマドと同じハーシム家に属する由緒正しい家柄である。マンスールの祖父にあたるアリー・ブン・アブドゥッラーは、ウマイヤ朝時代中期のアブド＝アルマリク▲治世にメディナ（マディーナ）からダマスクスへ移り、さらにワリード一世▲の時代にはヨルダン南部のフマイマ▲

▼クライシュ族　アラビア半島のメッカ（マッカ）を本拠地とした集団で、隊商交易を生業としていた。多神教時代にカアバ神殿の管理権を持っていたことでも知られる。十五〜十七ほどの家系に分かれ、預言者ムハンマドの属したハーシム家はその一つであった。

▼金貸し　聖典コーラン（クルアーン）の戒律により、イスラーム教の成立後は金を貸して利息を取ることが禁止されている。現代のイスラーム社会においても、確定金利の授受は宗教的に違法である。

▼フナインの戦い　六三〇年、メッカ征服の直後、近隣のオアシス都市ターイフを本拠地とするサキーフ族を攻撃した戦い。

▼アブド＝アルマリク　ウマイヤ朝の第五代カリフ（在位六八五〜七〇五）。後述する第二次内乱を終息させ、さまざまな行政改革を成功させた名君として知られる。

という寒村へ移り住むことになった。マンスールが産声をあげたのは、彼らの一族がこの地に引っ越した直後、七一三年頃のことである。

　本書の目的は、この偉大な帝王の生涯を紹介することにあるが、若き日の彼が権力をつかむまでの経緯を理解するためには、時計の針を一〇〇年ほど巻き戻して、まず預言者ムハンマドが死んだ直後の政治状況から説き起こさなければならない。

▼ワリード一世　アブド＝アルマリクの息子で、ウマイヤ朝の第六代カリフ(在位七〇五〜七一五)。ウマイヤ・モスクをはじめとする多くの建築事業を起こしたことで知られる。中央アジアにクタイバ、インドにムハンマド・ブン・アルカースィム、イベリア半島にターリクなどの将軍を遠征させて征服戦争を継続し、ウマイヤ朝の最大版図を実現した。

▼フマイマ　ヨルダン南部の都市マアーンの南西約五〇キロにあった村。ヨルダン川流域とアカバ湾を結ぶ街道上に位置する。

①—革命の嵐のなかで

ウマイヤ朝の成立と混乱

西暦六三二年に預言者ムハンマドが死去したのち、残されたイスラーム教団のアラブ人たちは、周辺のさまざまな部族を取り込みながら「アラブの大征服」と呼ばれる大規模な侵略戦争を敢行した。東方ではササン朝ペルシア帝国を滅ぼして彼らの領土を統合し、西方では東ローマ帝国を打ち破ってシリア▲やエジプトなどの肥沃な農業地帯を手中におさめたのである。

この戦争を指揮したのは、「カリフ」という称号を授けられた、教団国家の最高責任者であった。カリフは古参の有力な信徒から選出され、実質的には、ムハンマドと同じクライシュ族出身の人物が就任する慣例になっていた。タイム家のアブー・バクル▲、アディー家のウマル▲、ウマイヤ家のウスマーン▲、ハーシム家のアリー▲の四代を合わせて正統カリフ時代と呼ぶが、いずれも預言者と苦楽をともにしたクライシュ族の重鎮たちであった。

ところが、第四代正統カリフのアリーが即位したとき、教団内のいくつかの

▼**シリア**　古代のシリアは、現在のシリア・アラブ共和国のみならず、ヨルダン・レバノン・イスラエル・トルコ南部を含む広い地域を意味していた。

▼**アブー・バクル**（在位六三二〜六三四）　預言者ムハンマドの親友で、最古参の信徒の一人。即位後は、イスラーム教団から離反したアラブ諸族の征討に尽力した（リッダ戦争）。

▼**ウマル**（在位六三四〜六四四）　当初は大酒飲みの乱暴者であったが、改宗後はムハンマドに付き従って多神教徒との戦いに邁進したことで知られる。即位後は、アラブの大征服を成功に導いた。

▼**ウスマーン**（在位六四四〜六五六）　ムハンマドに敵対したウマイヤ家の出身ながら、最初期に改宗した信徒の一人。即位後は、コーランを現在のかたちに編纂したことで知られる。

▼**アリー**（在位六五六〜六六一）　ムハンマドの従兄弟にして娘婿。彼の子孫を指導者として信奉したのが、シーア派である。

●クライシュ族の系図

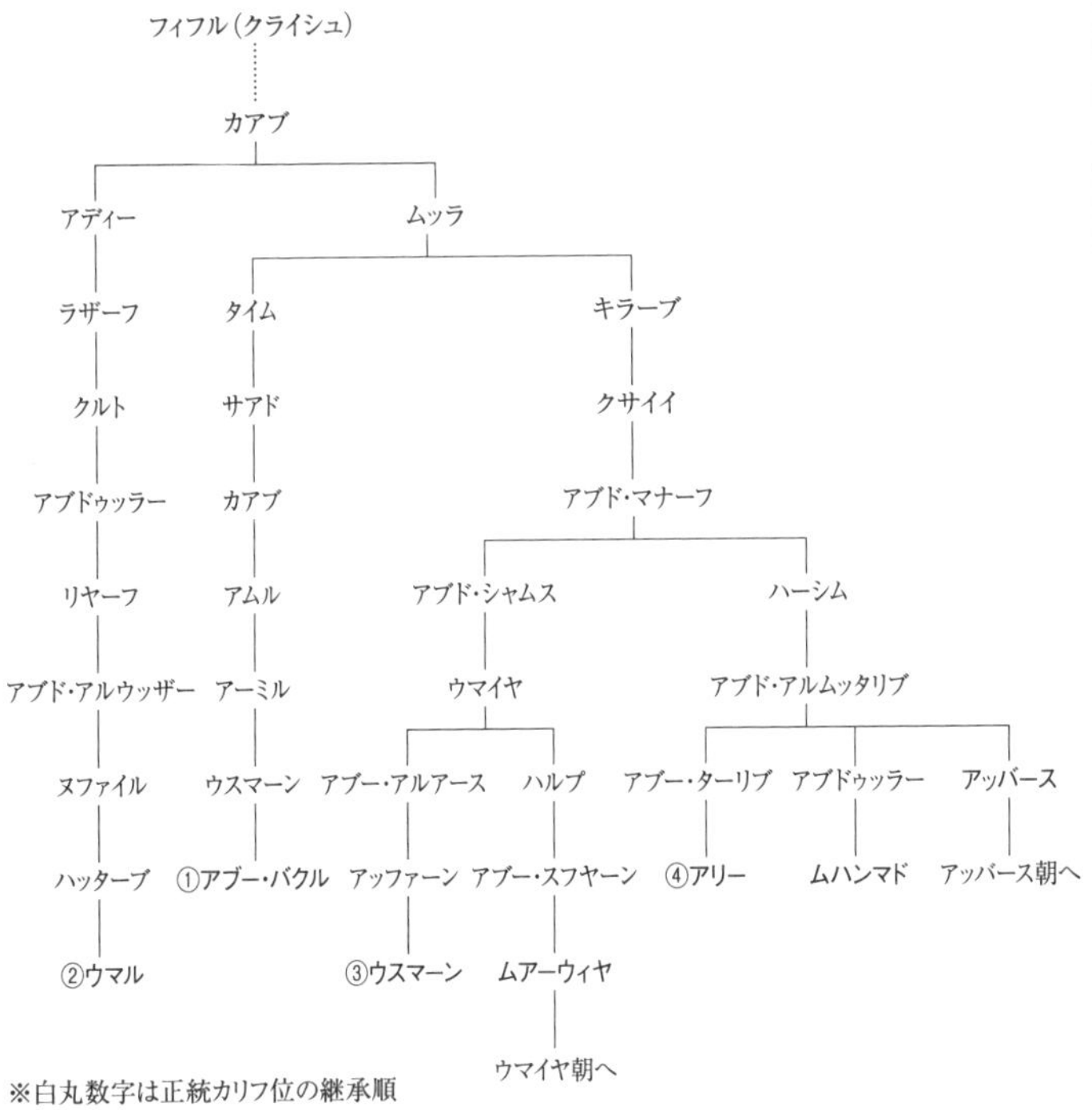

※白丸数字は正統カリフ位の継承順

勢力から、彼の就任に反対する声があがった。反対の理由は人それぞれであるが、いずれにせよ、カリフの位をめぐってイスラーム教徒の間に内紛が巻き起こり、軍事衝突にまで発展することになった。これを第一次内乱（六五六〜六六一年）と呼んでいる。

　おのおのの勢力がぶつかり合うなかで、カリフのアリーは配下の不満分子に殺害されてしまい、結局、シリア方面軍の司令官をしていたウマイヤ家のムアーウィヤ▲という人物が勝ち残ることになった。彼は、それまで教団の総本部がおかれていたアラビア半島のメディナ▲ではなく、麾下《きか》の軍勢が多く駐屯しているシリアのダマスクスを新しい本拠地とした。これが、ウマイヤ朝時代（六六一〜七五〇年）の始まりである。

　彼の築いた政権がウマイヤ朝と呼ばれ、それまでの正統カリフ時代と区別されるのは、その後のカリフが信徒の話し合いによってではなく、クライシュ族ウマイヤ家の間で世襲されるようになったからである。当然ながら、ウマイヤ家による支配の正当性に対して、疑問を投げかける人々も多かった。第一次内乱のときにアリーを支持していた人々（アリー党、のちのシーア派）や、アリー

▼ムアーウィヤ　もとは、大征服時代にシリア方面の征服戦争に参加した武将の一人。六三八年にシリアで疫病が流行し、主だった指揮官が全滅したため、ダマスクス総督に任命された。のちにウマイヤ朝の初代カリフ（在位六六一〜六八〇）となる。

▼メディナ（マディーナ）　アラビア半島西部にある農業オアシス。メッカで迫害を受けた預言者ムハンマドは、六二二年にメディナへ聖遷（ヒジュラ）し、この町をイスラーム教団の本拠地とした。

ともムアーウィヤとも袂《たもと》を分かった人々(ハワーリジュ派▲)などである。

ウマイヤ朝九〇年間の歴史は、ときに平穏な時代もあったが、基本的にはウマイヤ家と反体制派の間に巻き起こる戦乱の連続であった。とくに激しかったのは、ムアーウィヤの没後に勃発した第二次内乱(六八三～六九二年)と、ウマイヤ朝末期の第三次内乱(七四四～七四八年)である。そのほかにも、ハワーリジュ派の騎士シャビーブの反乱▲(六九五～六九七年)や、キンダ族のイブン・アルアシュアスという人物が反旗を翻した孔雀軍の反乱▲(六九九～七〇一年)なども、国内を混乱に陥れた。

しかし、さまざまな勢力が蜂起を繰り返してウマイヤ家に挑戦したものの、この王朝の支配は鉄壁のごとくゆるがなかった。その理由についてはさまざまな説が出されているが、一つには、ウマイヤ家の支持基盤であるシリア方面軍が極めて強力であったこと、もう一つには、反体制派の足並みがそろわず、無計画で突発的な反乱に終始したことなどが、理由としてあげられている。

こうした内戦が続くうちに、国内の状況も少しずつ変化しはじめていた。成人男子のアラブ＝ムスリム全員が兵士として戦う大征服時代の原則は形骸化し、

▼ハワーリジュ派　アリーの陣営を脱走し、これを暗殺した人々を起源とする宗派。カリフのアリーに反乱を起こしたムアーウィヤは背教者であるが、彼との和平交渉を望んだアリーもまた背教者になったと主張し、両勢力と袂を分かって第三の政治勢力となった。のちに独自の神学思想を発達させ、スンナ派・シーア派と並ぶ三大宗派の一つになるが、現代では極めて少数派である。

▼シャビーブの反乱　ハッジャージュ・ブン・ユースフのイラク総督期(六九四～七一四)に起こったハワーリジュ派の武装蜂起。わずか数百人の反乱軍が、数千から数万人の官軍を翻弄したという伝説が残されている。

▼孔雀軍の反乱　イラク総督ハッジャージュ・ブン・ユースフによって東方の僻地に入植させられたイラク方面軍の兵士が起こした反乱。シリア方面軍によって鎮圧された。

シリア方面軍だけが正規軍として全帝国の治安を維持する体制が既成事実化した。アラブ＝ムスリムが年金をもらえるはずの俸給（アター）制度も、遅配や不払いが常態化し、ますます非シリア軍アラブ兵の軍役離れを加速させた。各地で次第に増加してきた異民族の改宗者は、アラブ人を特権階級とみなすウマイヤ朝の国家体制によって拒絶され、マワーリー▲と呼ばれる地位に甘んじなければならなかった。大征服の余勢を駆って成立したウマイヤ朝の国家体制は、明らかに時代とのずれを露呈しはじめていたのである。

アブー・ハーシムの遺言

マンスールは、このような風雲急を告げる時代に、都会を遠く離れたフマイマ村で誕生した。父はアッバースから数えて四代目のムハンマド・ブン・アリーである。イスラーム社会では戒律によって一夫多妻制▲が認められているため、ムハンマド・ブン・アリーも何人かの正妻や女奴隷を抱えており、それぞれとの間に息子をもうけた。有名な人物としては、イブラーヒーム、ムーサー、マンスール、サッファーフ、そしてアッバースなどがいる。このうち、イブラー

▼マワーリー　元来は、異民族出身の奴隷が解放されて自由身分になったのち、そのままもとの主人に仕える場合にマワーリー（単数形はマウラー）と呼ばれた。彼らの多くはイスラームに改宗したため、転じて異民族出身の改宗者をマワーリーと呼ぶこともある。

▼一夫多妻制　イスラームの戒律では、同時に四人まで正妻を持つことができるが、それ以外に女奴隷を所有して側女とすることも可能であった。

▼**ベルベル人**　北アフリカの先住民で、アフロ・アジア語族ベルベル語派の言語を話す人々の総称。

フマイマ村の遺構

ヒームとムーサーだけは同じ母親から生まれているが、それ以外の三人はおのおのが腹違いの兄弟であった。アラブ人の女性から生まれたのはサッファーフのみで、ほかはすべて異民族女奴隷の子どもである。マンスールも、北アフリカから連れて来られたベルベル人▲の女奴隷から生まれた。そのほかにも何人かの子どもの名が記録されているが、史料によって内容にくい違いが大きく、その後の歴史にも重要な役割をはたしていないので割愛する。

　アッバース家の人々は、それまで基本的に政治的な抗争とは無縁の生活を送ってきた。しかし、フマイマ村で実質的にアッバース家の当主となったムハンマド・ブン・アリーは、内乱の打ち続く世情を眺めているうちに、思いもよらず自分の運命を大きく変えるできごとに遭遇することになる。それが、第四代正統カリフ・アリーの孫にあたる、アブー・ハーシムの遺言事件であった。

　話は少し遡るが、第一次内乱期に正統カリフのアリーを支持していたイラク方面軍のアラブ＝ムスリムは、ウマイヤ朝が成立したのちも仇敵ウマイヤ家の支配下に甘んじることをよしとせず、六八〇年にムアーウィヤが没した機会を捉えて、大規模な反乱を起こそうとした。しかし、その指導者として招聘《しょうへい》されたアリーの息子フサインは、支持者たちと合流する前にウマイヤ朝軍に虐殺され（カルバラーの悲劇）、計画は頓挫してしまった。そこで、次に人々の期待を集めたのが、フサインの腹違いの弟ムハンマド・ブン・アルハナフィーヤである。彼をおす勢力は、第二次内乱の混乱に乗じてクーファ▲で蜂起し、一時的にウマイヤ朝を脅かす勢力にまで成長した（ムフタールの乱）。しかし、このときも別の反ウマイヤ家勢力との抗争に敗れてしまい、彼らの宿願はまたしてもはたせなかった。

その後、今度はムハンマド・ブン・アルハナフィーヤの息子アブー・ハーシムが支持を集めたが、彼も七一六年頃に病によって亡くなってしまった（一説に、ウマイヤ朝の第七代カリフ・スライマーン▲の奸計によって毒を盛られたともいわれる）。このとき、自分の死を悟ったアブー・ハーシムがフマイマ村を訪れ、親しかったアッバース家のムハンマド・ブン・アリーに後事を託してから事切れたというのが、この遺言事件の顚末《てんまつ》である。

アリー家を支持する人々がめざしていたのは、アリーとフサインを死に追いやったウマイヤ家を打倒し、「預言者の一族▲」からイスラーム共同体の指導者

▼クーファ　イラク南部のユーフラテス河西岸にあった都市。六三八年頃、征服戦争を進めていたアラブ軍の駐屯基地として建設され、のちにイラク地方有数の大都市となった。

▼スライマーン　ウマイヤ朝の第七代カリフ（在位七一五〜七一七）。大規模な対東ローマ遠征をおこなったことで知られる。

▼預言者の一族　元来は預言者の従兄弟アリーの子孫を指す言葉で、なかでも預言者の娘ファーティマとアリーの間に生まれたハサンとフサインの子孫が有力であった。しかし、アッバース朝革命以降は拡大解釈されてハーシム家全体を指すようになり、とくにアッバース家のみを指して「預言者の一族」という表現を使うこともある。後述するアッバース家の地下運動が「ハーシム家運動」と呼ばれているのも、「預言者の一族」という言葉が指す範囲の曖昧さを利用したものである。

(これを彼らの言葉でイマームと呼ぶ)を出すことであった。ムハンマド・ブン・アリーは、このイマームとしての権利を、アブー・ハーシムから譲渡されたことになる。無論、このような事件があったこと自体を認めず、イマームの権利はアリーの子孫の別の家系に移ったと考える人々も多かった。しかし、アッバース家は預言者の叔父アッバースの末裔であり、ハーシム家の高貴な血筋を受け継ぐ人々であるから、「預言者の一族」を名乗ってもおかしくはない。ムハンマド・ブン・アリーは、アブー・ハーシムの遺志を受け継ぐという大義名分をえて、打倒ウマイヤ朝という壮大な目標に向かって歩きはじめることになる。

アッバース朝革命

ムハンマド・ブン・アリーは、ただちに仲間を呼び集めて決起するほど短絡的な人物ではなかった。強大なウマイヤ朝を相手にするためには、綿密に計画を立て、十分な戦力を確保し、必勝の態勢を築きあげてから動き出すのでなくては、これまでに敗れ去った者たちの二の舞を演ずることになってしまう。彼はまず、密かに味方を増やすことから着手した。帝国各地にダーイー(宣伝員)

と呼ばれる秘密工作員を派遣し、土地の有力者や部族の指導層に働きかけて、自分たちへの協力を取りつけようとしたのである。

彼が秘密工作の対象としてもっとも重視した地域は、イラン北部のホラーサーン地方▲であった。この地にはイラク方面軍の出身者が数多く入植しており、そもそもウマイヤ家に対する反感が根強い土地柄であった。しかも、中央アジアの征服戦争で戦《いくさ》慣れした剽悍《ひょうかん》な兵士が多く、味方となれば一騎当千の働きが期待できることも、反乱計画の舞台として有利な条件であった。

ホラーサーン地方の秘密工作を実際に指揮したのは、ブカイル・ブン・マーハーンという人物である。彼はイラン東部のスィジスターン出身で、もともとはウマイヤ朝政府に仕える役人であったが、知己をつうじてアッバース家の支持者となり、ムハンマド・ブン・アリーの参謀として何人ものダーイーをホラーサーン地方に送り込んだ。二十数年間という長い地下運動の間に、ある者はウマイヤ朝の総督府に不穏分子として逮捕・処刑され、ある者は方針の行き違いから味方に暗殺されるなどの混乱も生じたが、ブカイルはムハンマド・ブン・アリーと連絡を取り合いながら、辛抱強く運動を続けた。

▼ホラーサーン　アム川以南の、トルクメニスタン・イラン北東部・アフガニスタン西部を合わせた地域の総称。メルヴ、ヘラート、ニーシャープール、メルヴ・アッルーズなどの都市があった。中央アジア方面の征服戦争を進めるために、正統カリフ時代からウマイヤ朝時代にかけてイラク方面軍のアラブ＝ムスリムが波状的に移住・入植した。

ホラーサーン地方

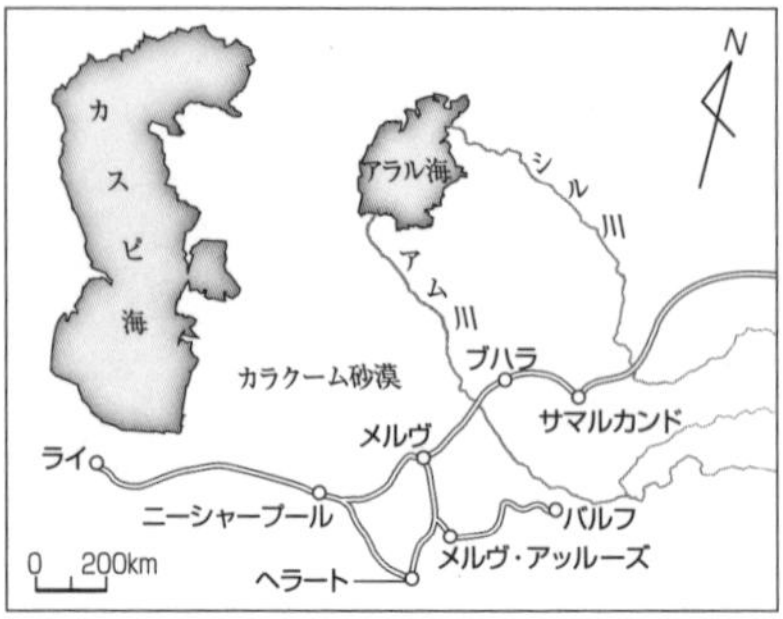

▼**アブー・サラマ**（七五〇没）　クーファ出身の解放奴隷。七四四年頃にホラーサーンを訪れた後、クーファにおける革命運動の責任者となる。

やがて、七四三年にムハンマド・ブン・アリーが亡くなり、翌年にブカイル・ブン・マーハーンも世を去ると、地下運動の担い手は新しい世代に移行した。アッバース家当主の座を継いだのはムハンマド・ブン・アリーの長男イブラーヒーム（マンスールの兄）、参謀役を継いだのはイラン系マワーリーのアブー・サラマ▲という人物である。そして、彼らの配下としてホラーサーン地方に乗り込んだダーイーのなかに、アッバース家を天下人の地位に押し上げることになるアブー・ムスリムがいたのであった。

このアブー・ムスリムという人物の素性は秘密のヴェールに包まれていて、出生地どころか本名すらわかっていない。ペルシア人であったともいわれているが、本当のところは不明である。彼に関するアラビア語史料の記述がバラバラな点から察するに、現代のわれわれにとってばかりでなく、当時の人々にとっても彼の正体は謎だったのであろう。事実、あるとき他人から素性をたずねられたアブー・ムスリムが、「私の出自よりも私の行いを知るほうが大切なのではありませんか」と答えたという逸話が残っている。

彼は、なんらかのきっかけでアッバース家の運動に共鳴し、イブラーヒームのもとを訪れて熱烈な支持者となった。七四五年にダーイーとしてホラーサーン地方に送り込まれると、当初は古株のダーイーとの間に摩擦を生じたようであるが、やがて天才的な組織力を発揮し、ついに同地の反ウマイヤ家勢力をまとめあげることに成功する。そして七四七年六月、アブー・ムスリムはタイイ族のカフタバ▲という人物を総司令官に任命し、満を持して武装蜂起に踏み切った。アッバース朝革命の始まりである。ホラーサーン地方のアラブ諸族とマワーリーから構成された革命軍は、漆黒の革命旗▲を掲げてウマイヤ朝の総督ナスル・ブン・サイヤール▲と戦い、ほどなくホラーサーン地方の全土を制圧することに成功した。さらに翌七四八年に入ると、革命軍はイラクをめざして進撃を開始することになる。

　ところが、ここで思わぬ悲劇が起こった。どうやって調べたものか、ウマイヤ朝の官憲がフマイマ村に踏み込み、反乱の煽動者としてイブラーヒームを逮捕したのである。シリア北部のハッラーン▲へ身柄を移された彼は、革命の成功を見届けることなく、七四九年に獄死した。毒殺されたとも、伝染病にかかって死んだともいわれている。一方、残されたアッバース家の人々はフマイマ村

▼カフタバ　有力なダーイーの一人。革命軍の総司令官としてイラクに侵攻、ウマイヤ朝のイラク総督イブン・フバイラと頭脳戦を繰り広げるが、クーファ突入を目前にした七四九年八月に戦死した。

▼漆黒の革命旗　アッバース朝が黒旗・黒衣をシンボルとした理由には、預言者ムハンマドの軍旗を模範にしたという説、ムハンマド・ブン・アリーの死に弔意を表わして黒衣をまとったという説など、さまざまな見解が伝えられている。これに対し、ウマイヤ朝のシンボルカラーは白であったといわれる。

▼ナスル・ブン・サイヤール　ヒシャーム治世の七三八年にホラーサーン総督となった老将軍。現地におけるアラブ間の内紛をおさめるべく尽力したが、アッバース朝革命軍に追われ、七四八年に八五歳で病没した。

を脱出してイラクに逃れ、ウマイヤ朝の監視網をかいくぐってクーファ市内に潜伏した。彼らを救い出したのは、ほどなくイラクに殺到してクーファを制圧したホラーサーンの革命軍であった。

アッバース朝の成立

　当主のイブラーヒームはいなくなったが、その後も作戦はよどみなく進められた。すでに革命軍が十分に組織化されていたこともあるが、クーファのアブー・サラマとホラーサーンのアブー・ムスリムが有能な指導者ぶりを発揮したことも大きな要因であろう。問題は、亡きイブラーヒームの後継者を誰にするかであった。当初、アブー・サラマは「預言者の一族」の本義に戻ってアリー家の誰かを推戴《すいたい》する考えだったらしいが、周囲の人々はイブラーヒームから指名を受けていた弟のサッファーフ▲を強くおした。その結果、サッファーフは七四九年十一月二十八日にクーファの大モスクで有名な演説をおこない、人々から忠誠の誓いを受けて、新たなカリフたることを宣言したのである。

　クーファの民よ、汝らはわれらの愛情が留まる場所、われらの好意が宿る

▼ハッラーン　現トルコ南東部にあった古代都市。エデッサの南東四〇キロに位置し、シリアとメソポタミアを結ぶ交通の要所にある。当時のウマイヤ朝カリフ・マルワーン二世は、ダマスクスからハッラーンに都を移していた。ギリシア語やシリア語の文献がアラビア語に翻訳された学問都市でもあった。

▼サッファーフ　マンスールの弟で、アブー・アルアッバースの名でも知られるアッバース朝初代カリフ（在位七四九〜七五四）。マンスールよりも年下のサッファーフが後継者に指名されたのは、ベルベル人の母をもつ前者よりも、アラブ女性を母にもつ後者が優先されたのではないかといわれている。イスラームの戒律には長幼の序という考え方がなく、相続などの法的権利において兄弟は平等であった。

▼ディルハム　銀の重量単位および貨幣単位。当時の標準は約三グラム前後と考えられているが、時代や地域によって変動がある。ウマイヤ朝のアブド・アルマリクがはじめてイスラーム式のディルハム銀貨および後出のディーナール金貨を打刻した。

場所である。いついかなるときも、暴君どもが汝らを苦しめるときも、それは変わらなかった。いまや、われらのときが来た。神が汝らに、われらの時代をもたらしたもうた。われらによって、汝らはもっとも幸福な民となる。われらによって、もっとも気前の良い扱いを受ける民となる。われは、汝らの扶持を一〇〇ディルハム▲に増やそう。さあ、準備せよ。われこそは容赦なく敵の血を流す者《サッファーフ》、敵を打ち破り復讐する者である！

ここにアッバース朝五〇〇年の歴史が始まったわけであるが、サッファーフが即位した経緯については、もう一つ奇妙な話が伝えられている。それによると、かつてアブー・ハーシムがムハンマド・ブン・アリーに後事を託したとき、第四代正統カリフのアリーから伝えられた「黄色の書」(サヒーファ・サフラー)なる書付がアッバース家に手わたされ、大切に保管されてきたという。その書付には、将来起こるべきアッバース朝革命のすべてが克明に予言されており、新王朝の初代カリフとなる人物の特徴も書き記されていた。クーファを制圧してアッバース家の人々を救出した副司令官のハサン・ブン・カフタバ(前述した総司令官カフタバの息子)が確認したところ、「黄色の書」に記された「カリ

アッバース家の系図

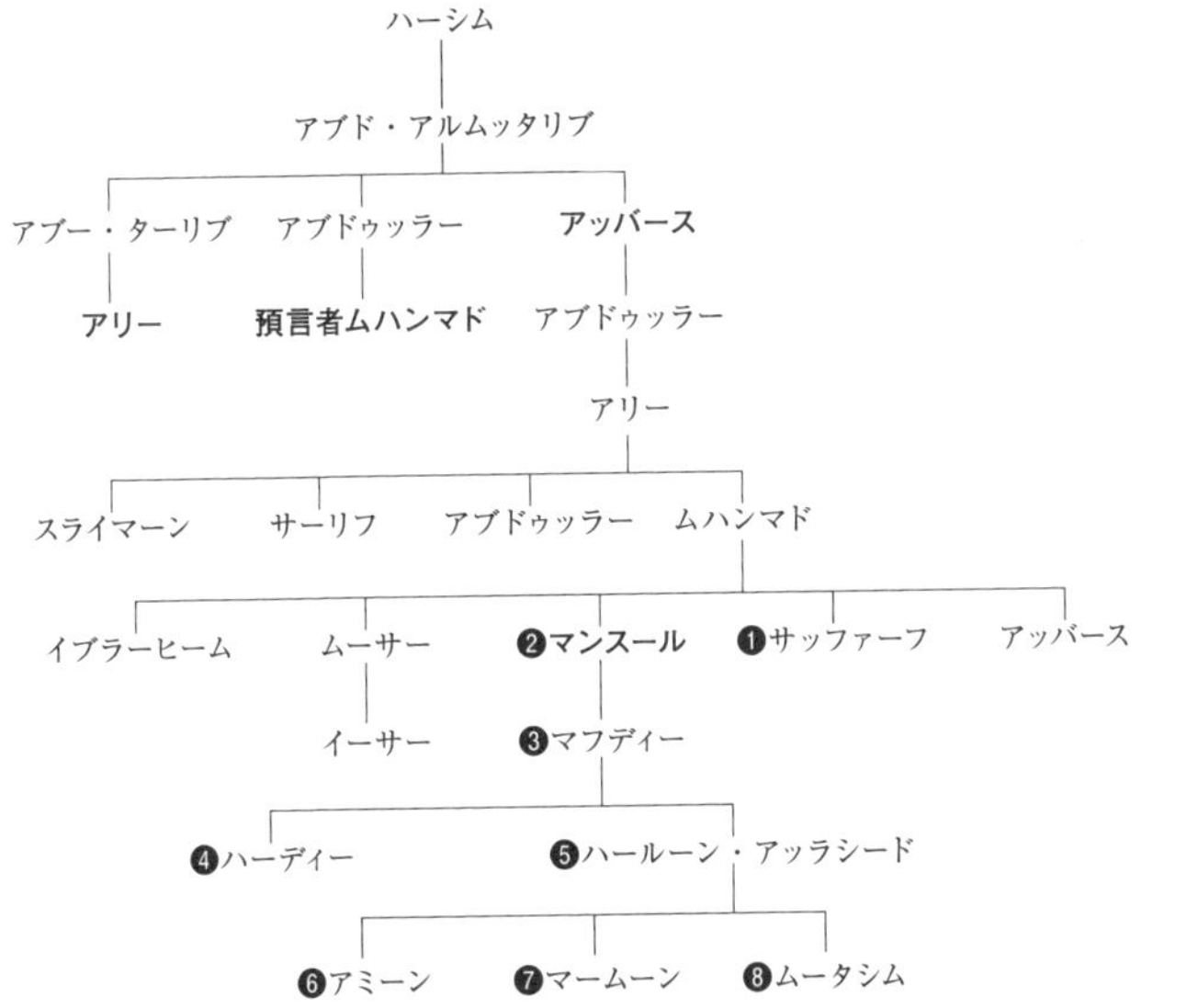

※黒丸数字はアッバース朝カリフ位の継承順
※アラブの人名は，本人の名前+ブン+父の名前という順で表わされる（ブンとは「〜の息子」の意）。例えば，ムハンマド・ブン・アリーという名前の場合，本人の名前がムハンマド，父の名前がアリーであることを意味する。父の名前のあとに，祖父の名前，曾祖父の名前……と遡って連ねていくこともできる。

クーファの大モスク　クーファの都市機能は近隣のナジャフに移ったが、その大モスクは改修を重ねて現在でも威容を誇っている。

▼**マルワーン二世**　ウマイヤ朝第十四代カリフ(在位七四四〜七五〇)。若い頃にアルメニア戦線で活躍した戦術の天才で、即位後は第三次内乱を終息させることに成功したが、アッバース朝革命によって倒された。

フの徴《しるし》」がサッファーフの背中にあるのを見つけたので、ただちに忠誠の誓いが執りおこなわれたというのである。

この奇跡譚じみたエピソードは、おそらく後代の人々の創作なのであろうが、単に面白おかしさを狙ったつくり話というわけでもない。当時のイスラーム社会には、神の使徒ムハンマドの背中に「預言者の徴」なるものがあり、キリスト教徒の修道士がそれを確認したという伝説が広まっていた。「黄色の書」にまつわる話は、サッファーフをムハンマドに擬《なぞら》えることによって、アッバース朝革命が武力による権力の簒奪ではなく、神の意志によるものであることを印象づけようとしたのであろう。

カリフに即位したサッファーフの目標は、父と兄が夢見た革命を最後まで完遂することであった。イラクを手に入れたことで帝国の東半分はアッバース家の支配下に入ったが、シリアにはまだウマイヤ朝最後のカリフ・マルワーン二世▲が健在である。両陣営の決戦は七五〇年一月に、ティグリス川の支流を挟んでおこなわれた(大ザーブ河の戦い)。ウマイヤ朝軍の総司令官はマルワーン二世、アッバース朝軍のほうはサッファーフの叔父にあたるアブドゥッラー・ブン・アリー▲である。激戦の結果、アッバース朝側が敵軍を潰走させることに成功し、マルワーン二世は命からがら戦場を脱出した。河畔での戦闘であったため、ウマイヤ朝の軍勢は戦死者よりも溺死者を多く出したという。引き上げられた水死体のなかに、とあるウマイヤ家の貴顕《きけん》の姿を見つけたアブドゥッラー・ブン・アリーは、「我らが汝らのために海を裂いて汝らを救い、汝らの見ている前でファラオの一族を溺死させたときのことを「思い起こすがよい」」というコーラン第二章五〇節▲の聖句をつぶやいたと伝えられている。

その後、彼はシリア方面に逃れたマルワーン二世を容赦なく追撃した。マルワーン二世はエジプトに逃れたところでアッバース朝軍に追いつかれて命を落とし、ウマイヤ朝九〇年の歴史は終焉を迎えたのである。わずかに生き残ったウマイヤ家の一人、アブド・アッラフマーン▲が遠くイベリア半島にまで辿り着いて後ウマイヤ朝を復興するのは、それから六年後のことであった。

マンスールの登場

さて、こうした一連の革命戦争が巻き起こるなかで、本書の主人公であるマ

▼アブドゥッラー・ブン・アリー　のちにマンスールに対して反乱を起こすことになる人物。本書二九頁参照。

▼コーラン第二章五〇節　神がイスラエル人に対して、モーセの出エジプトを思い起こすよう説いたコーランの一節。アブドゥッラー・ブン・アリーは、ウマイヤ家の人々を暴君のファラオに見立てている。

▼アブド・アッラフマーン　ウマイヤ朝第十代カリフ・ヒシャームの孫。アッバース家の追跡を逃れてイベリア半島にわたり、ウマイヤ家のマワーリーを従えて後ウマイヤ朝を建設した(在位七五六〜七八八)。

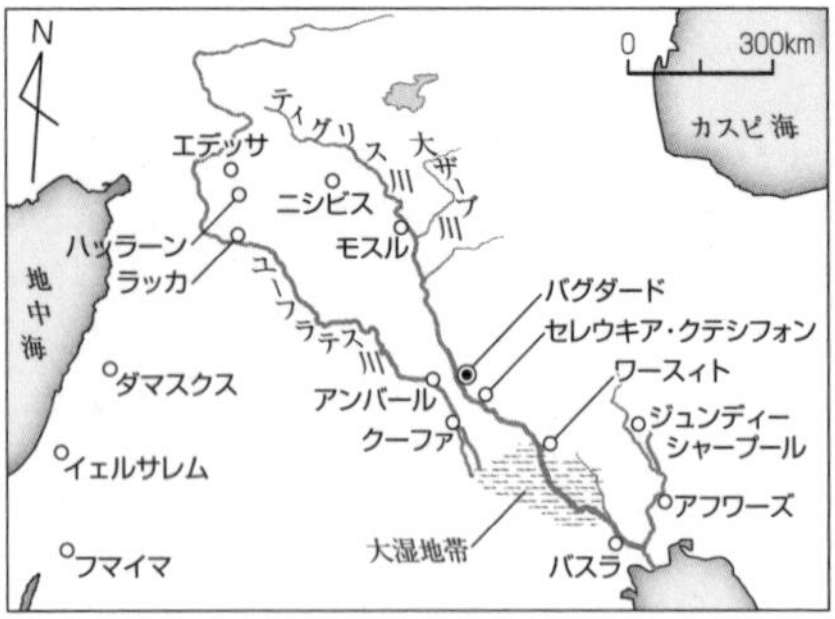

イラク拡大地図　ティグリス川の流路は現在と異なっている。

ンスールは、どこでなにをしていたのであろうか。じつをいうと、サッファーフが即位する以前のマンスールの行状については、ほとんどなにも伝わっていない。彼の前半生について一つだけ記録に残っているのは、三〇歳を過ぎた頃にイランで勃発したシーア派の反乱に参加したらしいということだけである。マンスールが参加したのは、アリーの兄にあたるジャアファルの子孫で、アブドゥッラー・ブン・ムアーウィヤという人物が起こした反乱であった。アブドゥッラー・ブン・ムアーウィヤは、七四四年にイラク南部のクーファで蜂起したが失敗し、イラン方面へ逃れてふたたび態勢を立て直した。

彼のもとにはシーア派ばかりでなく、ウマイヤ朝の追っ手を逃れてきたハワーリジュ派の騎士たちや、ウマイヤ家に不満を持つそのほかの人々が続々と集結して大勢力となった。そのなかに、若き日のマンスールと二人の叔父も混じっていたのである。結局、反乱は二年ほど続いた後にウマイヤ朝の官軍によって撃破され、首謀者のアブドゥッラー・ブン・ムアーウィヤも亡命先で殺害された。マンスールが実際に戦場へ出たかどうかは定かでないが、いずれにせよ、最後は無事に故郷のフマイマ村へ戻っている。

七四四年といえば、すでに父のムハンマド・ブン・アリーが没し、兄のイブラーヒームが地下運動の指揮を執っていた頃である。いったいマンスールは、なにを考えてシーア派の反乱に参加したのであろうか。イブラーヒームの命令であったのか、それとも自分たちで勝手に参加してしまったのか。「預言者の一族をイマームに」というスローガンを純粋に信奉していたとも思えないが、なにぶんにも残された史料が少なく、真相はよくわからない。

サッファーフが即位した後、マンスールはそのそばで政務を補佐するようになった。彼に課せられた最初の仕事は、アブー・サラマの処遇問題である。前述のとおり参謀のアブー・サラマは、イブラーヒームの後継者としてアッバース家の兄弟ではなく、アリー家の出身者を立てるべきだと考えていた時期があり、そのことはサッファーフたちにも露見していた。当然、アブー・サラマを処罰すべきだという意見が出たのであるが、問題なのは彼が単独でそのような行動に出たのか、それとも背後に革命の立役者アブー・ムスリムがいたのかということであった。後者の場合、話はアブー・サラマ一人を処罰するだけでは済まなくなり、アッバース家の人々も厄介な事態に陥ることになる。そこで、

▼**メルヴ**　ホラーサーン地方の都市の一つ(現トルクメニスタン)。カラクーム砂漠のなかにあるオアシス都市で、イランと中央アジアを結ぶ交通の要衝にあった。十三世紀にモンゴル軍の攻撃を受けて破壊され、廃墟となる。

サッファーフはアブー・ムスリムの真意を探るべく、マンスールをホラーサーン地方に送り込んで調査にあたらせることにした。

もし本当にアブー・ムスリムが叛意《はんい》を抱いているとすれば、この調査行は敵の本拠地へ単身乗り込んでいくことに等しい。マンスールは、道中「非常に怖かった」と正直に述懐しているが、実際にメルヴ▲の町へ着いてみると、アブー・ムスリムは礼儀正しく彼を迎え入れ、自分はまったく無関係であることを主張した。さらに、アブー・サラマを処分するならばサッファーフの手を汚さないように自分が泥をかぶると約束し、さっそく配下のマッラール・ブン・アナスという人物をクーファへ派遣して、あっさりと彼を暗殺してしまったのである。事情が事情だけに、表向きにはハワーリジュ派の不穏分子がアブー・サラマを殺したと発表された。

アッバース家にしてみれば苦もなく裏切り者を粛正することができた格好になり、一同は胸をなでおろしたわけであるが、舞台裏からすべてのできごとを見ていたマンスールの胸中には、別の不安が去来していた。本当に恐ろしいのは、アブー・サラマではなく、アブー・ムスリムのほうではないのだろうか。

強大なホラーサーン軍団を率い、ともに死線をくぐり抜けた忠実な家来に囲まれ、必要とあらばあっさりと政敵をかたづけてみせる実行力の持ち主。考えてみれば、この人物の意向一つで自分たちアッバース家の首は簡単に胴から離れてしまう状況に陥っているではないか。近いうちに、必ず彼を除かねばならない――このとき以来、マンスールはアブー・ムスリムに対して密かな敵意を燃やすようになった。

クーファに帰還したのち、マンスールはサッファーフからジャズィーラ▲総督の地位を与えられ、ティグリス川上流のモスル▲に赴任した。アッバース家の親族たちも、それぞれ各地の総督として散って行った。一方、ホラーサーン地方とその周辺域については、アブー・ムスリムがそのまま総督として留まることを許され、革命軍の戦力を保持し続けるかたちとなった。彼の功績を考えれば当然の優遇措置ではあるのだが、アブー・ムスリム本人としては、己の立場が微妙なものであることを承知していないわけではなかったようである。臣下の自分が主君を凌駕するほど強大な兵力を抱えているわけであるから、痛くない腹を探られても文句をいえる状況ではない。

▼ジャズィーラ　イスラーム時代に入ってからのメソポタミアは、南部がイラーク(イラク)、北部がジャズィーラと呼ばれていた。現在の国境線では、イラク共和国の北部と、シリア・トルコにまたがった範囲に相当する。

▼モスル　ジャズィーラ地方の都市の一つ(現イラク)で、古代都市ニネヴェの対岸にある。薄地の織物を指すモスリンという言葉は、この町がヨーロッパ向けの出荷地であったことに由来する。

▼**アンバール**　イラク地方の都市の一つで、のちに建設されるティグリス河畔のバグダードとイーサー運河で結ばれた位置にある。もとはササン朝の軍事都市であったが、六三四年にアラブ＝ムスリム軍によって占領された。

七五四年、アブー・ムスリムは革命後に初めてホラーサーン地方を離れ、二心のないことを証明するために、イラクのサッファーフのもとを訪れた。ユーフラテス河畔のアンバール▲に本拠地を移していたサッファーフは快くアブー・ムスリムを迎え入れ、気持ちよく語り合うこと数日間におよんだが、これなら大丈夫と安心したアブー・ムスリムが「この機会にメッカ巡礼の旅に出たい」と申し出ると、サッファーフは困った顔になってしまった。その年の巡礼団長はマンスールが務めることに決まっており、すでに任地を離れてアンバールへ来ていたからである。

アブー・ムスリムが上京したことを知ったマンスールは、今こそ絶好の機会であると、サッファーフに彼の殺害を迫った。

「待て、あの男がわれらのためにどれほど働いたと思っているのだ」

「カリフよ、すべてはわれらの革命があったればこそだ。奴のかわりに猫を一匹すえたとしても、同じくらいの働きはしたであろうよ」

「どうやって殺すというのだ。彼の配下の者たちはどうする」

「カリフの御前に召し出したところを、私が不意打ちにする。配下の連中も、奴が殺されたとわかれば散り散りになるだろう」

「だめだ、そんなことはやめてくれ」

結局、サッファーフはアブー・ムスリム粛正の断をくだせなかった。マンスールのほうも、カリフの許可なく革命の功労者を殺害することはできないので、引き下がるしかなかった。このときマンスールの吐き捨てた有名な台詞が、

「神かけて、朝餉《あさげ》に奴を喰《く》らわねば、お前が夕餉《ゆうげ》に成りはてるぞ！」

というものであった。

こうしてアブー・ムスリムの暗殺計画が中止された結果、マンスールは当のアブー・ムスリムと連れ立ってメッカ巡礼の旅に出かけるという、おかしな事態になってしまった。両者の間の緊張は相当なもので、つねに一定の距離をおきながら移動したようであるが、とくに大きな衝突もなく、巡礼行事は無事に終了した。ところが、両者がメッカを発ってイラクへ戻ろうとしたとき、驚天動地の知らせが飛び込んできた。カリフのサッファーフが天然痘を発症し、急死したというのである。まだ三〇代半ばという若さであった。

生前、サッファーフから後継者としての指名を受けていたので、次のカリフ

はマンスールと決まっていたのだが、まさかこれほど早くその日が来るとは、まったくの計算違いであった。まだ、なにも準備ができていないではないか――湧き出る不安のために顔面蒼白なマンスールを励ましたのは、意外にも同行していたアブー・ムスリムであった。

「カリフの位を手に入れたというのに、なぜ暗い顔をなさっているのです」

「叔父のアブドゥッラー・ブン・アリーと、アリー家の支持者どもが恐ろしいのだ」

「御心配にはおよびません。叔父様のほうは私が引き受けましょう。彼が率いている軍はみなホラーサーン兵ですから、私の命令に逆らうことはありません」

思いもかけず頼りがいのある言葉に、マンスールはようやく微笑を返した。このとき、新カリフの胸中に「毒をもって毒を制する」という深謀遠慮が浮かび上がったことに、さすがのアブー・ムスリムも気づかなかったのであろうか。両者は連れ立ってイラクに帰還し、いよいよマンスールの時代が始まることになる。

②—血塗られた覇業

アブドゥッラー・ブン・アリーの乱

マンスールがアブー・ムスリムに不安を訴えたアブドゥッラー・ブン・アリーとは、先述した大ザーブ川の戦いでウマイヤ朝のマルワーン二世を撃破した人物である。マンスールには七人の叔父がいて、それぞれが各地の総督に任じられていた。とくに、バスラ▲総督を長く務めたスライマーン・ブン・アリーや、パレスチナ総督を務めたサーリフ・ブン・アリーは有名である。問題のアブドゥッラー・ブン・アリーは、シリア総督に任ぜられて東ローマ帝国への遠征を担当しており、サッファーフが逝去したときには出陣の準備をしながらシリア北部に滞在していた。マンスール即位の報が伝わると、案の定、アブドゥッラー・ブン・アリーは激怒して叫んだ。

「かつてサッファーフは、マルワーン二世を討伐した者が自分の後継者であると約束したはずだ。それにこたえて奴を討ちとったのは私ではないか」

彼の言葉が本当だとすれば、サッファーフは決戦に向かう軍勢を鼓舞したい

▼**バスラ**　イラク南部にあり、ティグリス川と運河で結ばれていた都市。六三八年頃、クーファと同じくアラブ軍の駐屯基地として建設された。ペルシア湾を経由する海上交易路の拠点として繁栄したが、九世紀後半に起きたザンジュの乱を境に衰退し、十四世紀までに廃墟となった。現在のバスラ市は旧バスラの北東に建設された別の町で、イラク共和国第二の都市となっている。

あまりに空約束をしてしまったことになる。真相は藪のなかであるが、いずれにせよアブドゥッラー・ブン・アリーは甥のマンスールに反旗を翻し、ただちに配下の軍勢を率いてユーフラテス川をわたると、北部メソポタミアの都市の一つであるニシビスをめざした。手筈《てはず》どおり、これを迎え撃つべく出陣したのは、アブー・ムスリムその人である。当初は、反乱軍の主力をなしているホラーサーン兵に呼びかけて、アブドゥッラー・ブン・アリーを裏切らせる計画であったらしい。しかし、アブー・ムスリムが予想していたほど、ことは簡単に運ばなかった。ホラーサーン兵の忠誠を疑ったアブドゥッラー・ブン・アリーが、機先を制して彼らを虐殺してしまったのである。これで反乱軍の陣中に残っているのは、アブー・ムスリムとなんの縁《ゆかり》もないシリア出身のアラブ兵ばかりとなった。

作戦が御破算となってしまったアブー・ムスリムは窮地に立たされたわけであるが、この歴戦の智将は少しも慌てず、みごとな二の矢を繰り出した。敵軍に向けて、次のような書簡を送りつけたのである。

「私は貴様たちと戦うことなど命じられていない。カリフからシリア総督に

▼ニシビス　現トルコ南東に位置する古代都市。アラビア語名はナスィービーン(トルコ語ではヌサイビン)。エデッサと並び、キリスト教東方諸教会の拠点でもあった。

任命されたので、現地に行こうとしているだけだ」

この手紙の内容が知れわたると、アブドゥッラー・ブン・アリー配下のシリア兵たちは大恐慌に陥った。アブー・ムスリムが新総督としてシリアに入れば、故郷に残してきた家族が叛徒《はんと》の一族として処刑されるのは間違いない。アブドゥッラー・ブン・アリーの説得もむなしく、兵の多くは陣を捨ててシリアへ逃げ帰ってしまった。彼らはアブー・ムスリムばかりでなく、アブドゥッラー・ブン・アリーに対しても忠誠を誓う義理などなかったのである。大きく戦力を削がれた反乱軍は、ニシビス近郊でアブー・ムスリム軍と激突し、奮戦むなしく壊滅的な敗北を喫した。アブドゥッラー・ブン・アリーは辛くも戦場を脱出して行方をくらまし、バスラ総督をしていた兄弟のスライマーン・ブン・アリーに匿《かくま》われたということである。

アブー・ムスリムの暗殺

戦勝気分に浮かれるアブー・ムスリムの軍勢のもとに、都からマンスールの使者がやって来た。なにごとかと思いきや、「カリフから戦利品の管理をせよと命じられて来たので、敵陣から分捕ったものをすべて差し出してほしい」というのである。アブー・ムスリムは呆気にとられ、次に憤怒の表情を露わにした。イスラーム社会では、戦利品の五分の一をカリフのもとへ送り、残る五分の四は戦闘に参加した兵士の間で平等に分配するのが原則であったが、その仕事を差配すべきなのは指揮官のアブー・ムスリムであるはずだった。あまりにも無礼な話に、アブー・ムスリムは使者を斬り殺そうとしたが、「この御方に罪はありません」と周囲の兵士が必死になだめたので、その場はなんとかおさまったようである。

ところが、最初の使者が都に帰った後、しばらくしてから二番目の使者がやって来た。元ダーイーのヤクティーンという人物で、「アブー・ムスリムをシリア・エジプト両総督に任ずる」という命令書をもって来たのである。ここにいたってアブー・ムスリムは、自分がマンスールからまったく信用されていないという事実を、はっきりと思い知った。なるほど、シリアとエジプトの両地を同時におさめるというのは空前の大役であるから、一見すると破格の恩賞を受けたように思える。しかし、この人事の真の狙いは、厄介な政敵を本拠地のホラーサーンから切り離し、いずれ難癖をつけて始末しようとする計画の端緒に違いなかった。そうとわかれば、むざむざと西方へ赴任するわけにはいかない。アブー・ムスリムはただちに支度を調えて、ホラーサーンへと帰還すべく進路を東にとったのである。

これに困ったのは、マンスールのほうであった。ホラーサーンに入られてしまったら、もはやアブー・ムスリムを捕縛する手だては失くなってしまう。マンスールは、アッバース家の要人たちを総動員して、アブー・ムスリムに対する説得の手紙を書き送らせた。さらに、革命戦争の武将だったアブー・フマイドを使者に立て、へりくだった態度で相手を賞賛させるとともに、カリフのもとへ戻ってきてふたたび手腕を発揮してほしい旨の口上を伝えさせた。アブー・ムスリムは次々と舞い込んでくる甘い言葉に半信半疑であったが、もし本当に和解の道が残されているのであれば、このままホラーサーンに帰還してしまうのは得策でないという気持ちもあった。いずれにせよ、中央のようすを詳しく探っておく必要がある。彼は、古くからの配下であるアブー・イスハークという人物をマンスールのもとへ派遣することにした。

▼セレウキア＝クテシフォン　のちに建設されるバグダードの三〇キロ下流にあったティグリス河畔の古都。アラビア語名はマダーイン。アラブ＝ムスリムの征服を受けた後も都市機能を失わなかったが、バグダードの建設後は徐々に衰退した。左は有名なホスローのイーワーン。

当然ながら、アブー・イスハークはカリフの熱烈な歓迎を受けた。ありとあらゆる贈物が与えられ、アブー・ムスリムが西方へ赴任した後のホラーサーン総督の地位まで約束されたのである。有頂天のまま主人のもとへ帰還したアブー・イスハークは、カリフがアブー・ムスリムを大切に思うこと並々ならず、ただちに馳せ参じて今回の騒動を陳謝したほうが良いという報告をおこなった。信頼する部下の言葉に、アブー・ムスリムはマンスールのもとへ出頭する覚悟を固め、ササン朝の旧都セレウキア＝クテシフォン▲で謁見する手筈《てはず》となった。

アブー・ムスリムが到着した夜、マンスールはウスマーン・ブン・ナヒークという武将を密かに呼び出した。革命中のホラーサーンでダーイーとして活躍し、かつてはアブー・ムスリムの警護隊長を務めたこともあった人物である。

「ウスマーンよ、このカリフが困りごとをかかえているとしたら、なんとする」

「私はあなたの下僕です。剣の上に倒れ込んで自分の身体に突き刺せといわれれば、そのようにいたします」

「では、アブー・ムスリムを殺せと命じたら、やってくれるか」

▼**アブー・アイユーブ**　本名はスライマーン・ブン・マフラド・アルムーリヤーニー。さまざまな陰謀をめぐらせて政敵を葬り、私腹を肥やした人物として知られる。七七〇年にマンスールの怒りを買って一族もろとも逮捕され、翌年に獄死した。

ウスマーン・ブン・ナヒークが絶句すると、カリフのそばに控えていた宰相のアブー・アイユーブ▲が、鋭い言葉を投げかけた。

「どうした、なぜなにも答えないのか」

ウスマーンは弱々しい声で、ぽつりと答えた。

「仰せに従います」

翌日、彼は四人の部下を引き連れて、謁見場所に定められた毛織の天幕の背後に身を隠した。そして両者の会談が始まった直後、一斉になだれ込んでアブー・ムスリムに斬りかかったのである。不意打ちを喰《く》らったアブー・ムスリムは、マンスールに向かって必死で叫んだ。

「カリフよ、私を生かしておくべきです！　私を殺したら、誰があなたを敵の刃から護《まも》るというのです！」

「ふざけるな、貴様より恐ろしい敵がどこにいる！」

アッバース家を天下人に押し上げた革命の英雄は、こうして無残な最期を遂げた。七五五年二月十二日のことであったと記録されている。マンスールは、ただちにアブー・ムスリムの旧臣を懐柔し、軍団の兵士には莫大な給金を取らせる気配りを見せた。旧臣のなかには「主人を金で売ってしまった」と嘆いた者もいたそうであるが、前述のアブー・イスハークに咎められて黙ったと伝えられている。

内憂外患

アブドゥッラー・ブン・アリーとアブー・ムスリムという獅子身中の虫を取り除いたことにより、マンスールの身辺はひとまず安全になった。しかし、この新カリフが枕を高くして眠れるようになるのは、まだまだ先の話である。最初に飛び込んできた知らせは、ホラーサーンでアブー・ムスリムの復讐を叫ぶ大規模な反乱が起きたというものであった。反乱の指導者はスンバーズという正体不明の人物で、もとはアブー・ムスリムの取り巻きの一人であったらしいが、「イスパフバズ▲のフィールーズ」という大それた称号を名乗り、数万人の兵を率いて蜂起したというのである。マンスールは、ただちにジャフワル・ブン・マッラールという武将を現地へ派遣し、七〇日という短期間で反乱軍を鎮圧することに成功した。ところが、ホラーサーンの国庫に積み上げられた莫大

▼イスパフバズ　旧ササン朝の軍司令官もしくは地方領主を指す言葉。

な富を目の当たりにして、今度はジャフワル・ブン・マッラール自身が反乱を起こす側にまわってしまった。やむをえず、マンスールは新たな大軍を派遣してジャフワルを討ちとり、ようやく東方地域の安定をえたのである。

一方、イラク北方のジャズィーラ地方では、ハワーリジュ派のムラッビド・ブン・ハルマラという人物が反乱を起こし、マンスールの派遣した部隊を次々と撃破して気勢をあげた。ジャズィーラ総督のフマイド・ブン・カフタバなどは、敵軍に包囲された挙句、一〇万ディルハムを払って逃がしてもらうというありさまであった。結局、この反乱はハーズィム・ブン・フザイマという武将の活躍によって鎮圧されるのであるが、それと相前後して、今度はアナトリア方面から東ローマ帝国軍が侵攻してきたという知らせが舞い込んできた。マンスールは、叔父のサーリフ・ブン・アリー率いる大軍を押し出してこれを迎撃し、東ローマ皇帝コンスタンティノス五世と捕虜交換の協定を結んで、東ローマ帝国軍を撤退させることに成功した。まさに内憂外患の危機が一挙に襲ったわけであるが、アッバース朝はかろうじてこれを乗り越えることができたのである。

▼ムラッビド・ブン・ハルマラ　バクル・ブン・ワーイル族のなかのシャイバーン族に属する人物。ジャズィーラ地方を本拠地としたシャイバーン族の騎兵は、ウマイヤ朝時代からしばしばハワーリジュ派として反乱を起こしている。

▼コンスタンティノス五世　レオン三世の子で、イサウロス朝の第二代皇帝(在位七四一～七七五)。さかんに対外遠征をおこなったほか、聖像破壊運動を推進したことでも知られる。左はソリドゥス金貨に刻まれたコンスタンティノス五世。

ようやく訪れた平和に安心したのか、七五八年四月、マンスールは久しぶりにメッカ巡礼をおこなった。巡礼後はまっすぐにイラクへは戻らず、イェルサレム経由でシリアを巡幸してまわり、そこからユーフラテス川をくだってクーファ郊外のハーシミーヤ▲に戻ったのである。ところが帰り着いてみると、町は異様な混乱状態に陥っていた。ラーワンディーヤと呼ばれるホラーサーン兵の一団が、イスラーム教を含むさまざまな宗教の教義を混淆《こんこう》した新興宗教に取り憑《つ》かれ、熱狂的な示威行動を起こしていたのである。彼らはイスラーム教で否定されている霊魂の転生を信じており、アダムの魂がウスマーン・ブン・ナヒーク（アブー・ムスリムを殺害した人物）に宿っていると主張していた。さらに、元ダーイーのハイサム・ブン・ムアーウィヤは大天使ガブリエルで、人々に食べ物と飲み物を与えてくれるマンスールは「われらが主」、すなわち神だというのである。彼らは、カリフの居城をカアバ神殿▲に見立ててぐるぐるとめぐり、「わが主の城」と連呼し続けた。

こうした奇行が突然流行した理由は判然としないが、アッバース朝革命からアブー・ムスリムの謀殺にいたる社会の急激な変化のなかで、人々の心のなか

▼ハーシミーヤ　ハーシミーヤ（ハーシム家の町）と呼ばれた場所は二つあり、一つはユーフラテス川中流域のイブン・フバイラ城をサッファーフが増築して初期の居城としたもの。もう一つはクーファ郊外にマンスールが建設したものである。いずれも、自分たちアッバース家がハーシム家の末裔、すなわち預言者の一族であることを喧伝するための命名であった。

▼カアバ神殿　イスラームにおいて「神の館」とされているメッカ中心部の建造物。メッカ巡礼には、カアバ神殿の周囲を反時計回りに七回まわるタワーフの儀式というものがある。

に漠然とした不安が広がっていたのは確かであろう。いずれにせよ、生きている人間を神様呼ばわりすることは大変な異端思想であるから、看過するわけにはいかない。マンスールはただちに首謀者二〇〇人を逮捕・投獄して事態の沈静化をはかったのであるが、これに怒ったほかのラーワンディーヤが牢獄を襲撃し、六〇〇人が取って返してカリフの居城に攻め入ろうとする騒ぎになってしまった。油断していたマンスールはわずかな手勢しか率いておらず、叛徒《はんと》に取り囲まれて絶体絶命の危機に陥った。カリフが危ないというので、市場の商人までもが石を投げつけて応戦するうちに、騒ぎを聞きつけた武将たちが次々と駆けつけて来てようやく暴徒を殲滅《せんめつ》することができたのであるが、叛徒の説得を試みていたウスマーン・ブン・ナヒークは、弓矢で射られて命を落とす不運に見舞われたという。

それまでのマンスールはハーシミーヤを新しい都として政治に臨むつもりであったが、ラーワンディーヤの一件によって、この町に嫌気が差してしまった。そこでまったく新しい都を建設しようという話になるのであるが、これについてはのちほど詳しく述べることにしたい。

ハサン家の乱

ラーワンディーヤの騒動後、マンスールの周辺ではなにごともない平穏無事な日々が三年ほど続いた。しかし、片時たりとも彼の脳裡を離れない大きな心配ごとが一つだけ残っていた。それは、シーア派の動向である。そもそも、「預言者の一族」を標榜してウマイヤ朝に抵抗してきたのは、第四代正統カリフ・アリーの子孫と、その支持者たちであった。アッバース家は、アリーの孫アブー・ハーシムからイマームとしての権利を委譲されたという大義名分でカリフ位を手に入れたのであるが、当然ながら、これを世迷言として真っ向から否定する人々も数多く存在していた。真のイマームは、アリーの子孫から出なければならない——彼らにとって、アッバース朝はウマイヤ朝にかわる反乱の標的となっていたのである。

当時、アリーの子孫のなかで有力な地位を占めていたのは、ハサン家のムハンマド・ブン・アブドゥッラーと、その弟イブラーヒームであった。彼らはアリーの玄孫《やしゃご》にあたる人物で、兄のムハンマドは「純潔の魂」という異名でも知られている。マンスールは即位して以来、必死でこの兄弟を捜索し続けたもの

●―アリー家の系図

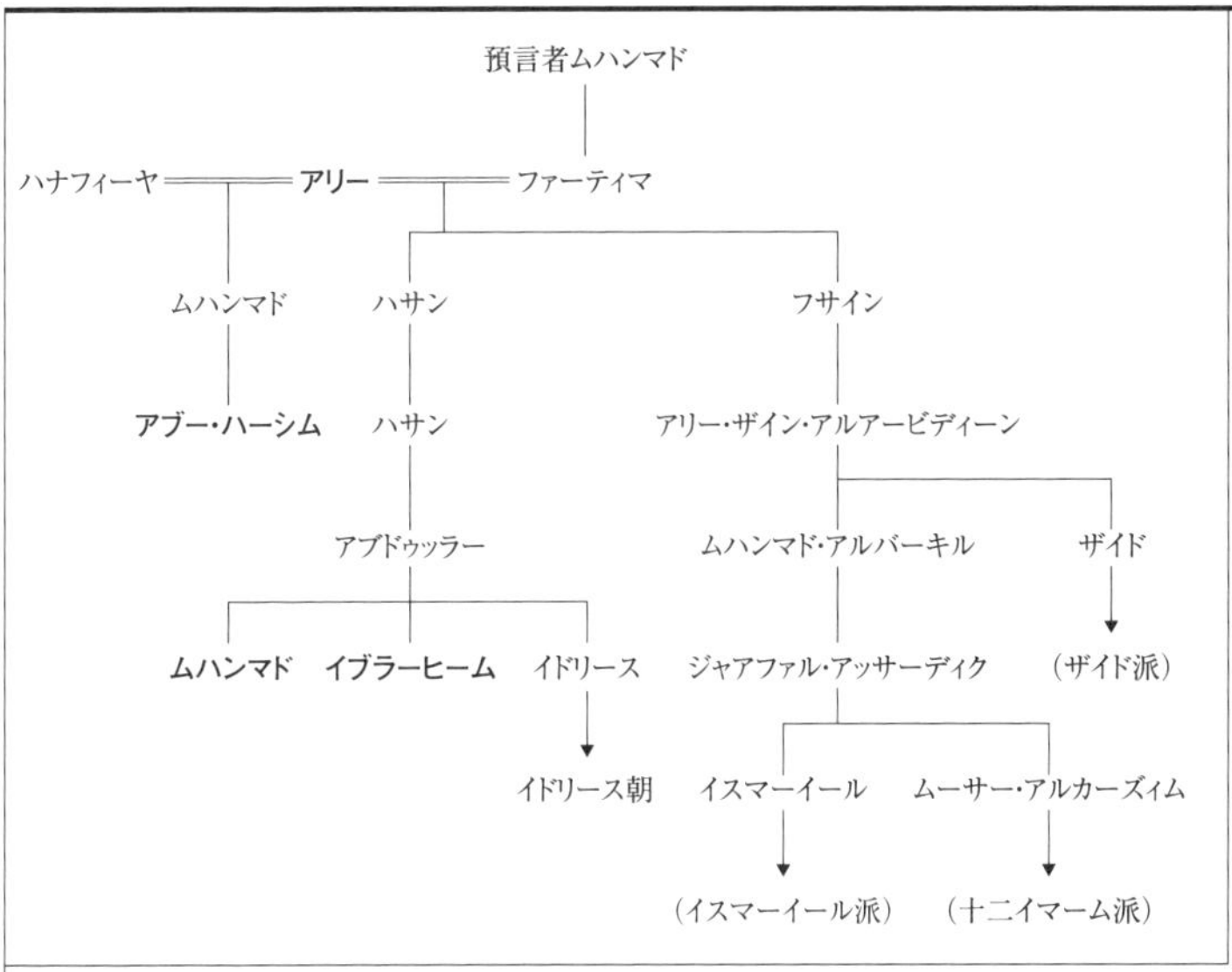

●―メディナにある「預言者のモスク」

の、時すでに遅く、彼らは故郷のメディナから行方をくらましたあとであった。二人の居場所を突き止めるために無数の間者《かんじゃ》が派遣され、最後にはソロモン王から伝わるという魔法の鏡まで持ち出されたが、彼らの潜伏先は杳《よう》として知れなかった。業を煮やしたマンスールは、兄弟の父であるアブドゥッラー・ブン・ハサンを皮切りに、ハサン家の要人を端から逮捕・投獄し、激しい拷問を加えた。これを聞いて我慢のならなくなったムハンマド・ブン・アブドゥッラーは、七六二年九月にとうとうメディナ近郊で武装蜂起に踏み切った。反乱勃発の一報に接したマンスールは、「ついに狐を穴から誘い出したぞ。」と歓喜の声をあげたという。

当初、マンスールは懐柔策を装い、素直に武器を捨てればハサン家の一党に恩赦を与え、ムハンマド・ブン・アブドゥッラー本人には一〇〇万ディルハムの恩給をくだしたうえで行動の自由を保証する、という手紙を書き送った。無論、ムハンマド・ブン・アブドゥッラーはこれを突っぱね、激烈な口調で返答をよこしたという。

「お前が現在の地位にあるのはわれらの働きによるものである。われらは預

▼**ファーティマ**(?〜六三二)　ムハンマドと妻ハディージャの間に生まれた四人の娘の一人。ムハンマドの存命中にアリー(のちの第四代正統カリフ)と結婚し、ハサンおよびフサインの兄弟を産んだ。両者の子孫は、ファーティマをつうじて預言者ムハンマドの血を直接的に引いていることになり、シーア派の人々からイマームの血統として尊ばれることになる。十世紀以降になると、彼らはサイイドと呼ばれてムスリム社会のなかで独特の地位を獲得していった。

言者の娘ファーティマ▲の子孫であり、預言者の血を引く高貴な一族である。私はハーシム家のなかでもっとも純血の系譜をもつ人間であり、異民族の血など混じっていない。お前は恩赦を与えるといったが、恩赦を与える資格があるのはわれわれの方である。そもそも、私の父や、お前の叔父や、アブー・ムスリムの末路を見れば、お前の恩赦などあてになるものか」

異民族の血が混じっていないというくだりは、ベルベル人の女性を母にもつマンスールへのあてこすりであろう。これに対して、マンスールのほうも痛烈な返書を送りつけた。

「女をつうじた血筋を誇るなど愚の骨頂である。預言者の四人の叔父のうち、二人はイスラームに改宗し、二人は異教に留まった。前者の一人はわれらが祖先（アッバース）、後者の一人はお前たちの祖先（アリーの父アブー・ターリブ▲）である。純血が偉いというならば、預言者がコプトのマーリヤ▲に産ませたイブラーヒーム様よりも偉いのか。お前たちの一族の名士であったアリー・ブン・フサイン▲よりも偉いのか。たしかにお前たちは預言者の娘の子孫であり、血縁的には預言者に近い。しかし、それは法的な相続の権利とはなんの関係もない。

▼アブー・ターリブ（五四九？〜六一九？）　孤児となった預言者ムハンマドを養育した人物。クライシュ族がイスラーム教徒を迫害するなか、アブー・ターリブだけは甥のムハンマドを擁護し続けたが、最後まで改宗することなく多神教を守ったと伝えられている。

▼マーリヤ　コプト派キリスト教徒の女奴隷で、伝承では当時エジプトを統治していたムカウキスなる人物からムハンマドに贈られたといわれる。ムハンマドとの間にイブラーヒームという男児をもうけたが、夭折した。

▼アリー・ブン・フサイン　カルバラーで虐殺されたフサイン・ブン・アリーの息子。ザイン・アルアービディーンの異名を持つ、シーア派第四代イマーム（六五八〜七一三）。シーア派の伝承によれば、彼の母親はササン朝最後の皇帝ヤズデギルド三世の娘シャフルバーヌーであったといわれている。

そもそも、アリーはカリフ位をほしがったわりに、まるで人望がなかったではないか。その息子のハサンは、はした金でムアーウィヤに降《くだ》ったではないか。お前たちはウマイヤ朝に対して何度も反乱を起こしたが、いつも惨敗した。そこで立ち上がり、復讐をはたしたのがわれわれである」。

交渉は決裂し、両陣営は戦闘の準備に入った。しかし、この戦いは誰がみても反乱軍のほうが圧倒的に不利であった。「メディナでは、金も、兵も、武器も、騎馬も入手できませぬ」とはマンスールの臣下の言葉であるが、十分な戦闘の準備も整わぬまま蜂起した反乱軍には、必要な物資がまるで不足していたのである。官軍接近の報が届くと、ムハンマド・ブン・アブドゥッラーは味方に向かって「去りたい者は去れ」と大見得を切ったが、本当に陣を去ってしまう兵が続出し、わずかな兵しか残らなかったという。

官軍の司令官としてメディナに向かったのは、マンスールの甥にあたるイーサー・ブン・ムーサーであった。この人物は、サッファーフの遺言によってマンスールの次のカリフに指名されていた傑物《けつぶつ》である。七六二年十二月に始まった戦闘は三日もたたぬうちに反乱軍の惨敗に終わり、ムハンマド・ブン・アブドゥッラーは宿願《しゅくがん》を果たせぬまま戦死することになった。

　一方、弟のイブラーヒームはイラク南部のバスラに潜伏していた。兄のムハンマドが反乱に失敗したという知らせが入ると、イブラーヒームはバスラの人々に支援を訴えて、多数の協力者を集めることに成功した。彼らはバスラ総督のスフヤーン・ブン・ムアーウィヤ▲を捕らえ、国庫を差し押さえて六〇万ディルハムの軍資金を確保すると、一万人の大軍で武装蜂起を開始したのである。ところが、ここへ来て反乱軍には意外な弱点のあることが判明した。イブラーヒームは兵法というものをまるで理解しておらず、部下が夜襲を勧めても「卑怯だ」といって取り合わなかったり、兵を部隊分け▲せず一列に並べたまま突進させたりするなど、戦争の司令官として完全に失格だったのである。反乱軍はメディナから駆け戻ってきたイーサー・ブン・ムーサーの軍勢とバスラ郊外で激突し、緒戦こそ優位に進めたものの、結局は敗北を喫してしまった。

　イブラーヒームの首が都に届けられると、廷臣たちは次々と首の前に立って罵詈雑言を投げつけた。ところが、なぜかマンスールは浮かない顔のままであった。人々が主君の心中をおしはかれずにいると、ある一人の臣下が部屋に入

▼スフヤーン・ブン・ムアーウィヤ　アズド族の名家ムハッラブ家出身の軍人。後述するイブン・アル・ムカッファアを処刑した人物としても知られる。

▼兵の部隊分け　コーラン第六一章四節に「神が愛するのは、堅固な建物のように列をなして神の道に戦う人々」とある。イブラーヒームたちはこの聖句を文字どおりに解釈し、兵を部隊に分けるのは「イスラーム的でない」と考えたらしい。

ってきて首の前に立ち、「神よ、カリフの親族であるこの御方の罪を赦したまえ」とつぶやいた。カリフの目の前で、大胆にも謀反人の肩をもつような祈りを捧げたわけであるが、あにはからんや、マンスールは一転して喜色満面となり、「よく来てくれた、どうかゆっくりしていってくれ」と暖かい言葉をかけた。驚いた周囲の人々は、あわてて彼の真似を始め、イブラーヒームの冥福を祈ったということである。自らの手で預言者ムハンマドの子孫を葬ったことに、さすがのマンスールも気が咎めたのであろうか。

③—帝都バグダードの建設

新都の建設事業

数々の苦難を乗り越えて覇業を達成したマンスールは、いよいよ新国家の基盤づくりに本腰を入れることができるようになった。その中核となったのが、帝都バグダードの建設事業である。すでに述べたとおり、ハーシミーヤに嫌気が差したマンスールは、すでにハサン家の乱が起こる以前から自ら各地を見聞して歩き、巨大国家の都にふさわしい場所がないかどうか探しまわっていた。そして、さまざまな条件を吟味した結果、ティグリス川中流域のバグダードに目をつけたのである。ササン朝の旧都セレウキア＝クテシフォンの三〇キロほど上流にある小さな村であった。

「ここは軍隊が駐屯するに良く、ティグリス川があり、中国までの間になんの障壁もない。海からあらゆるものが輸送でき、ジャズィーラやアルメニア▲や周辺域からの食料も輸送できる。さらにユーフラテス川もあり、シリアやラッカ▲や周辺域からあらゆるものが輸送できる」

▼**アルメニア**　当時のアルメニア地方は、現在のアルメニア共和国があるセヴァン湖周辺だけではなく、トルコ東部のヴァン湖周辺域も含んでいた。

▼**ラッカ**　現シリア北部の都市で、旧名はカリニコス。ユーフラテス川中流域に位置し、シリアとイラクを結ぶ交通の要衝にあった。

マンスールは、土地の所有者からバグダード村を買い上げ、自ら図面を描いて帝都の都市プランを練り上げた。それから地面に灰を撒いて建造物のアウトラインを引き、そのなかを実際に歩きまわって確認したばかりでなく、油を染み込ませた綿の種を灰の上にふりかけて火をつけ、離れた場所から全体を一望してようやく満足したという。実際の工事は、七六二年から四年間にわたって、一〇万人の労働者を動員しておこなわれた。こうして完成したのが、バグダードの「円城」(ムダウワラ)である。この円城は直径二三五〇メートルにもおよぶ巨大な城壁に囲まれた円形都市で、内部の広大な敷地には金門宮、大モスク、各種の官公庁、アッバース家の親族の館などが建設された。あまりにも城内が広かったせいで、マンスールの叔父イーサー・ブン・アリーなどは、「宮殿まで歩くのが老体にきつい」とこぼしていたそうである。城壁は三重になっていて、第二城壁と第三城壁に挟まれた空間に、軍人や官僚の屋敷が密集していた。当初、城内の一部には商店街もつくられたらしいが、視察に訪れた東ローマ帝国の使者に「建物は素晴らしいが内部に敵がいる」と忠告され、それ以降は商人や職人が城内に居住することは禁止された。彼らは円城の外側に住み着いて

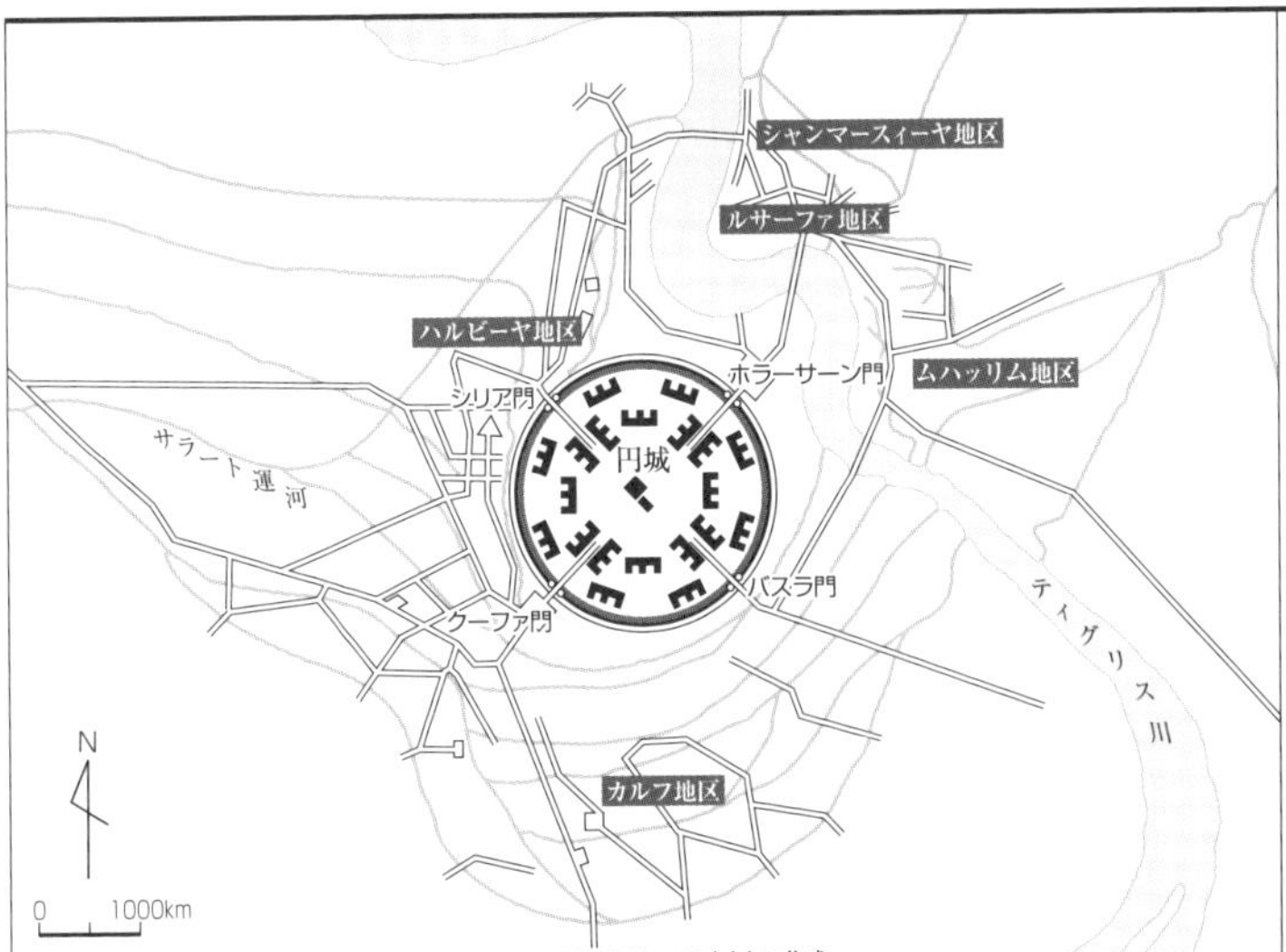

出典：Kennedy, Hugh, *An Historical Atlas of Istam*, Brill, 2002, p.28をもとに作成

●―バグダード平面図

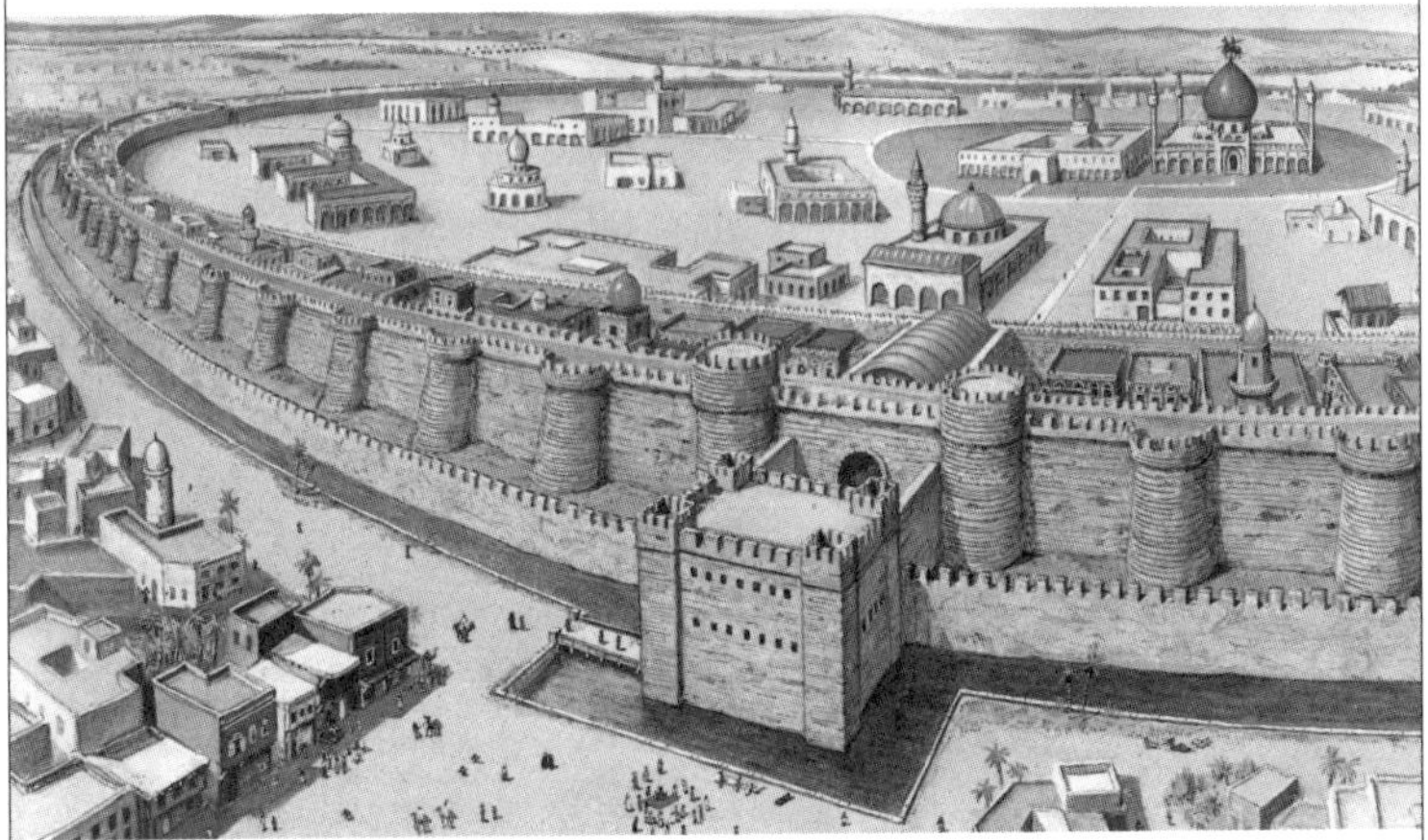

●―バグダード復元想像図

街区を形成するようになり、カルフ地区、ルサーファ地区、シャンマースィーヤ地区などの町並みが順次できあがっていくことになる。

マンスールの言葉にあったとおり、バグダードは東西交通の便が非常に良い場所に立地していた。北東のホラーサーン街道を辿ればイランを経由して中央アジア・中国へ、南東のバスラ街道を辿ればペルシア湾からインド・東南アジアへ、南西のクーファ街道を辿ればイラク南部からメディナ・メッカへ、北西のシリア街道を辿ればシリア・エジプト・北アフリカへ、文字どおりすべての道はバグダードにつうじていたのである。これ以降、水陸の交通網を利用して莫大な物資がバグダードに流れ込むようになり、この都は帝国の政治・軍事センターとしてばかりでなく、一大商業センターとしても発展していくことになった。

バグダードの人口はマンスール没後も着実に増え続け、最盛期の九〜十世紀頃には一〇〇万人に達したといわれている。ある推計によると、同時期のヴェネツィア、パリ、ロンドンなどのヨーロッパ諸都市はいずれも人口一〇万人をこえることはなく、わが国の京都でも最大で二〇万人程度であったという。現代のわれわれにとっては百万都市などめずらしくもないが、当時の世界人口が二億人程度であったことを考えると、バグダードが史上まれにみる大都会であったことは間違いない。

なお、バグダードというのは円城の建設以前から存在していた村の名前であって、マンスール自身が名づけた都の正式名称は、「マディーナト・アッサラーム」であった。日本語に訳せば、「平安の町」という意味になる。奇しくも、ほぼ同時期に建設された日本の「平安京」と同じ名前だったわけである。

中央集権化とムスリム平等主義

ウマイヤ朝時代には省庁の組織もそれほど発達しておらず、各地に派遣された総督▲の独立性が強い、地方分権的な国家体制が敷かれていた。総督の任免権を握っているのはカリフであったが、いったん地方に派遣された総督は三権(宗教・軍事・徴税)を掌握し、管轄地域のなかで起きるすべてのできごとに自分の責任で対処するのが原則であった。逆にいえば、帝国内の隅々にまでカリフの目が行き届かない体制であったということになり、これを利用して僻遠の

▼**総督**　征服軍の指揮官から発展した役職で、主要な軍営都市におかれた。アラビア語では、指揮官も総督もアミールと呼び、両者を区別しない。

地で革命を起こしたのがアッバース家だったわけである。

マンスールは、このウマイヤ朝国家体制の弱点を的確に見抜いていた。カリフがすべてを監視し、カリフがすべてを指図しなければならない――アッバース朝の行政システムは、ウマイヤ朝とは対照的に、中央集権化が指向されるようになった。そのために導入された制度の一つが、きめ細かい駅逓《えきてい》網(バリード)である。マンスールは主要街道に早馬の宿駅を整備して、カリフから発せられた命令がただちに地方総督のもとへ届くように工夫すると同時に、現地の動向を逐一報告させるための駅逓局長を各地の首府に配属した。駅逓局長は、毎日かならずマンスールに宛てて報告書を書き送らねばならず、小麦、雑穀、香辛料などの食料価格から、法官が裁いた事件の顚末《てんまつ》、総督の仕事ぶり、国庫収入の明細、そのほかの些末なできごとにいたるまで、帝国全土の動向が都に集まってくる仕組みが作り上げられた。マンスールはそのすべてに目をとおし、価格に変動があればその理由を問い直し、法官の判断に疑問があればその旨を書き送ったと伝えられている。実際、ハドラマウト▲地方の駅逓局長が「当地の総督は鷹狩りばかりしている」と書き送ったため、その総督が免職になったこ

▼ハドラマウト 現イエメン共和国東部からオマーン国西部にかけての地域。

とがあったそうである。

こんな笑い話も伝わっている。あるとき、マンスールは臣下に対して次のような自説を披露した。

「私は、四人の人物を必要としている。彼らこそ国家の柱であり、ひとつ欠けても倒れてしまう長椅子の脚のようなものだ」

「カリフよ、それはどのような人々でしょうか」

「一人目は、優れた裁定をくだすことのできる法官だ。二人目は、弱きを助け強きをくじく警察長官だ。三人目は、農民を困らせない公正な徴税官だ。四人目は……」

しばらく口ごもってから、マンスールは言葉を続けた。

「彼らについて信頼できる情報を書き送ってくる駅逓局長だ」

自分以外は誰も信用しないという、マンスールの人柄をよく表わした逸話である。

もう一つ、中央集権化のために導入された新しい制度は、宰相（ワジール）職の設置である。アッバース朝の領土は巨大であるため、いかにマンスールが有能な君主であったとしても、行政にかかわるすべての業務を一人でこなすのは不可能であった。そのために、優れた官僚のなかから宰相を選び出し、自分のかたわらにおいて業務を補佐させたのである。マンスールの時代に宰相を務めたのは、アブー・アイユーブ(在任七五四〜七七〇)とラビーウ・ブン・ユーヌス(在任七七〇〜七七五)であった。両者はいずれもアラブ人ではなく、異民族の出である。このように、アラブ人ではなく異民族出身のマワーリーを積極的に登用しようとする傾向は、マンスール没後も一貫して続く、アッバース朝国家体制の大きな特徴となった。

そもそも、アラビア半島から征服者として到来したアラブ＝ムスリムは、行政の仕事に不慣れであった。そのため、ササン朝や東ローマ帝国のもとで働いていた異民族の官僚がそのままウマイヤ朝の官僚として登用されたわけであるが、彼らは実務担当の下級役人にすぎず、国家の要職を占めることはほとんどなかった。ウマイヤ朝の支配階層はあくまでもアラブ＝ムスリムであり、異民族の出身者はイスラームに改宗したとしても同等の権利を認められなかったのである。しかし、アッバース朝はアラブ＝ムスリムとマワーリーが協力して樹立した王朝である。異民族の出身者は、まずホラーサーン軍という軍隊のなかで重きをおかれるようになった。また、新王朝の成立当初はアッバース家の一族で占められていた各地の総督職にも、有能なマワーリーが抜擢される例がみられるようになった。異民族の血が流れている者に、出世の道が開かれたわけである。宰相職は、まさにその頂点と呼ぶにふさわしい存在であった。

マンスールが始めたマワーリーの登用政策▲は、結果的に「民族を問わずムスリムであれば平等に扱う」という原則を生み出し、西アジア世界の宗教地図を一変させることになった。ウマイヤ朝時代にはキリスト教▲やマニ教▲にとどまっていた異民族が、じわじわとイスラームに改宗しはじめたのである。ある研究者の推計によると、アッバース朝時代初期のイラクにおけるムスリム人口の割合は一〇%程度にすぎなかったが、九世紀中頃には五〇%を突破し、十世紀末には九〇%にまで達したという。現代の西アジア世界にみられる宗教人口の分布は、アッバース朝時代に完成したのである。

▼マワーリーの登用政策　このような国家体制の変革を、「アラブ帝国からイスラーム帝国へ」の転換と呼ぶことがある。アラブであることが支配者の条件であった社会から、民族を問わずムスリム全体が平等な社会へと移行したわけである。

▼キリスト教　ウマイヤ朝統治下のキリスト教徒は、東ローマ帝国で異端とされた単性論派やネストリウス派が多くを占めていた。

▼マニ教　三世紀のササン朝で生まれた混淆宗教。その教勢は大きく、北アフリカから中国にいたる広い地域で信者を獲得した。ユダヤ教徒やキリスト教徒が「啓典の民」と呼ばれてムスリムから一定の保護を受けたのに対し、マニ教徒やゾロアスター教徒は多神教徒として弾圧の対象になった。

④―帝王をめぐる人々

マンスールの暮らしぶり

マンスールは背が高く痩せ気味の体躯《たいく》をしていて、ベルベル人の母の血を引いたものか、肌の色は浅黒かったらしい。髪と髭は細くまばらで、これを気にしてかサフランで色を染めていたという。普段は穏やかでもの静かな性質だったらしいが、ひとたび公務に出るときには形相が変わり、謁見する相手に恐怖を与えるのが常であった。

帝都の建設には莫大な財を惜しみなく注ぎ込んだが、普段の暮らしぶりは質素このうえなく、服をつくるときには市場で値切り倒した布を使い、その服を一週間も着たままであったと伝えられている。あるとき、従兄弟のムハンマド・ブン・スライマーンが病気のマンスールを訪ねてみると、カーテンで仕切っただけの小さな部屋にカリフが寝ていたので驚いたという。室内には家具らしきものもなく、粗末な絨毯の上に布団が敷かれているだけであった。王者の気紛れでこのような部屋をしつらえているのかと思いきや、宮殿のなかに自分の寝室はこれ一つしかないと聞かされて、ますます驚いたとのことである。
生活リズムも規則正しく勤勉実直で、夜明け前から夜遅くまで、礼拝の時間以外はひたすら執務室で公務をこなす毎日であった。アッバース家の親族の証言によると、睡眠時間は夜間（日没から夜明けまで）の三分の一であったというから、平均で四時間ぐらいであろうか。

まことに質実剛健な統治ぶりであるが、じつをいうと、マンスールにはこれと正反対の一面もあった。即位前に結婚したウンム・ムーサー▲という妃に、まるで頭があがらなかったのである。ウンム・ムーサーは、古代アラビア王家の血を引く名門出の女性であり、気位も高かったらしく、マンスールに迫ってほかの妻や女奴隷をもたないという約束をさせ、確認の念書まで取りつけたといわれている。マンスールのほうは、即位後の一〇年ほどは素直にいうことを聞いていたようだが、あるとき一人の法学者を呼び出して、そのような約束が法的に有効かどうかを調べさせるという大胆な行動に出た。これを聞きつけたウンム・ムーサーは、当の法学者に莫大な賄賂を贈り届けて味方に引き入れ、「彼女が死亡するまでは有効」という回答を首尾良く引き出したとのことであ

▼ウンム・ムーサー　ヒムヤル族出身の女性で、本名はアルワー。ヒムヤル王国は、前一世紀から後六世紀にイエメンを中心として栄えた国家。ウンム・ムーサーは、その王家の傍系の子孫ということになっている。

る。のちにウンム・ムーサーが亡くなると、一〇〇人の乙女がマンスールのもとへ一斉に贈られてきたというが、土の下の彼女はこれをなんと見たであろうか。

ウンム・ムーサーは、マンスールとの間に二人の息子をもうけた。のちにカリフとなったマフディーと、早世したジャアファルである。その後、新しく結婚した妃や女奴隷との間にも、多くの息子が生まれた。アーリヤという名の娘もおり、こちらはマンスールの従兄弟イスハーク・ブン・スライマーンに嫁いだとのことである。

賢臣ラビーウ・ブン・ユーヌス

マンスールのもとには、アッバース家の親族や異民族出身のマワーリーが廷臣として仕え、御目見得を許された者だけでも七〇〇人を数えたという。その筆頭ともいうべき存在が、ラビーウ・ブン・ユーヌスであった。この人物は七三〇年頃に奴隷の子としてメディナに生まれ、のちに初代カリフのサッファーフに贈られてアッバース家の家臣となった。サッファーフの死後、彼の才能を見抜いたマンスールによって侍従（ハージブ）▲に取り立てられ、七七〇年には文人官僚のトップである宰相の地位に登りつめている。ラビーウ・ブン・ユーヌスに対するマンスールの信頼は絶大なもので、バグダードの城外に広大な私有地を与え、この地区に「ラビーウ街」という名前をつけたぐらいである。

　奴隷として生まれたラビーウ・ブン・ユーヌスは、どの民族の出身であったのかすらわかっていない、出自が不確かな人物であった。口の減らないことで有名な廷臣イブン・アイヤーシュなどは、彼のことを「マリアの子イエス▲のような奴」とからかっている。「父親のいない男」という意味の、悪質な冗談である。しかし、前半生の苦労にもかかわらず、この宰相は慈悲深い性格の持ち主として有名であった。あるとき、パレスチナで反乱を起こそうとした男が逮捕されるという事件が起きたのであるが、バグダードに護送されてきた当人を見てみると、驚いたことに、よぼよぼの老人であった。「その痩せこけた肉を骨から削ぎ落としてやる」と怒り狂うマンスールに対し、老人は弱々しい声で次のような詩▲を吟じた。

　「老妻を乗りこなそうとするもの

▼侍従（ハージブ）　来客をカリフに取りつぐ役職であるが、アッバース朝宮廷において隠然たる影響力を持ち、ときに宰相や軍司令官の人事を左右するほどの発言権をもった。

▼イエス　キリスト教徒がイエスを神の子としているのに対し、コーランではこれをムハンマドに先立つ預言者の一人と規定している。また、マリアの処女懐胎についても、神の奇跡の一つとして認めている。

▼詩　詩歌はアラブ文学のなかで極めて重要な地位を占めており、戦記・年代記などの叙述史料だけでなく、人名録や地理書などのなかにまで数多く引用されている。

老人をしつけようとするもの
みんな骨折り損のくたびれもうけ」

老人の声が聞き取れなかったマンスールは、隣に立っていたラビーウ・ブン・ユーヌスに「なんといったのか?」とたずねた。すると、彼はとっさに老人の野卑な物言《ものい》いを殊勝な詩にすりかえて答えた。

「この下僕はあなた様のもの
この財産もあなた様のもの
なぜ私があなた様の罰を免れようか」

マンスールはラビーウ・ブン・ユーヌスの返答を信じこみ、神妙な態度やよしと老人に恩赦を与えたばかりでなく、今後の面倒をみてやるように命じたということである。

また、こんな話も伝わっている。ある日、マンスールは嘆息しながらラビーウ・ブン・ユーヌスにいった。

「ラビーウよ、この世に〝死〟というものがなければ、どれほど素晴らしいだろうか」

「とんでもない、そんなことはありませぬ」

「なぜだ」

「〝死〟というものがなかったら、あなたはその椅子に座っておりません」

ラビーウ・ブン・ユーヌスの当意即妙な受け答えに、マンスールは膝を打って感心したそうである。

学問の精鋭たち

マンスールの宮廷には、軍人や官僚ばかりでなく、さまざまな学者も集まった。なかでも有名なのは、伝承学者イブン・イスハーク（七〇四頃〜七六七）である。メディナの学者一家に生まれたイブン・イスハークは、故郷で研鑽《けんさん》を積んだ後、エジプト留学などをへて、建設されたばかりのバグダードにあらわれた。この人物は、『マガーズィーの書』という預言者ムハンマドの長大な伝記を書きあげて、カリフのマンスールに献呈したことで知られている。残念ながら、この書物の原本は失われてしまったが、のちにイブン・ヒシャーム▲という人物が編集した縮約版が残っており、現在でも預言者伝のスタンダードとして

▼**イブン・ヒシャーム**（？〜八三三）　ヒムヤル族出身でエジプト生まれの学者。クーファの伝承学者バッカーイーが書写したイブン・イスハークの原本をもとに、『預言者ムハンマド伝』を編纂した。

▼イブン・ブフティーシュー　本名はジュルジース・ブン・ジブリール・ブン・ブフティーシュー。息子のブフテーシューはハールーン・アッラシードの、孫のジブリールはアミーン(在位八〇九〜八一三)の、曾孫のブフティーシューはマームーンの典医を務めた。

広く読み継がれている。

もう一人の有名人物は、イブン・アルムカッファア(七二〇〜七五六)である。この人物はペルシア系貴族の血を引く家柄に生まれ、若い頃からウマイヤ朝の書記官を務めていたが、革命後はマンスールの叔父イーサー・ブン・アリーの書記となってアッバース朝に仕えた。彼の最大の業績は、サンスクリット語で書かれたインドの動物寓話『パンチャタントラ』の中世ペルシア語訳をアラビア語に重訳したことである。この作品は『カリーラとディムナ』と呼ばれ、アラビア語散文作品の白眉として不朽の名声を博しているが、イブン・アルムカッファア本人は「隠れマニ教徒」(ズィンディーク)の疑いを受け、三〇代半ばという若さで処刑されてしまった。

この『カリーラとディムナ』を皮切りに、マンスールの宮廷では古今東西の名著が外国語からアラビア語に翻訳されるようになったという説がある。たしかに、マンスールの曾孫にあたる第七代カリフ・マームーン(在位八一三〜八三三)の時代になると、「知恵の館」(バイト・アルヒクマ)と呼ばれる学問所が設けられ、多くの外国語文献がアラビア語に翻訳されたことは事実であるが、その伝統がマンスールの時代にまで遡るのかどうか、史料的な証拠が少ないため真偽のほどは定かではない。

　自然科学系の学者としては、医師のイブン・ブフティーシュー▲が有名である。当時、オリエント医学の中心地はイラン南部のジュンディーシャープールにあったが、彼は同地におかれていた医学校の責任者を務めていた。七六五年、マンスールが胃病を患ったときにイラクへ招聘され、的確な投薬治療によりカリフの容態を好転させて名声を博した。イブン・ブフティーシュー自身は四年後に帰郷したが、この功績により、彼の子孫が代々にわたってアッバース朝カリフの典医を務めることになる。

　マンスールの宮廷にはまた、多くの占星術師も仕えていた。元ゾロアスター教徒のナウバフト▲、ユダヤ教徒のマー・シャー・アッラー▲、インドから来たカンカフ▲などが有名である。西アジア社会の占星術は、ギリシアの占星術▲を基盤としながら、インドやメソポタミアに伝わる理論を取り込んで大いに発展していた。マンスールは、それらの占星術師を宮廷に召し抱え、新都の建設時期や、戦争の吉凶を占わせたと記録されている。政治の方針を星占いで決めるなど、

▼ナウバフト　アフワーズ出身の占星術師。マー・シャー・アッラーとともにバグダード起工の日取りを決めたことで知られる。

▼マー・シャー・アッラー（八一五頃没）　バスラ出身の天文学者・占星術師。多くの著作がラテン語やギリシア語に翻訳された。

▼カンカフ　インドのウッジャイン出身の数学者・占星術師。ブラーマグプタ（六六八年頃没）の『ブラーマ・スプタ・シッダーンタ』をイスラーム世界に紹介した人物として知られる。

▼占星術　プトレマイオス（一六八年頃没）の著作『テトラビブロス』は、シリア語訳を介してアラビア語に翻訳され、西アジア占星術の基本図書となった。

アラビア語占星術書の写本　十〜十一世紀に記された占星魔術書『賢者の極み』写本(十九世紀)。東京大学東洋文化研究所ダイバーコレクション。

▼龍頭　黄道と白道が交わる二つの点のうち、昇交点の方を龍頭(ドラゴン・ヘッド)、降交点の方を龍尾(ドラゴン・テイル)と呼ぶ。占星術では、これらの点も惑星と同じ感受点として扱われる。

現代の首相や大統領が同じことをすればマスコミが黙っていないだろうが、当時は占星術も立派な自然科学の一種と考えられていたのであって、マンスールがことさらに迷信深かったというわけではない。ちなみに、ある年代記に記録されているマンスール即位時の星の位置は次のようであったという。

太陽	巨蟹宮一度一〇分
月	双児宮七度四五分
土星	磨羯宮一六度五〇分
木星	白羊宮二七度
火星	天蝎宮一九度四〇分
金星	金牛宮一五度五〇分
水星	巨蟹宮一一度
龍頭▲	巨蟹宮一度五〇分

現代のコンピュータ・プログラムでシミュレートしてみると、マンスールが即位した七五四年六月には、たしかにこれと似た惑星の配置が観察される。当時の占星術は、天文学と表裏一体を成す厳密な学問だったのである。

▼アブー・マアシャル　ホラーサーン出身のイラン系占星術師。ヨーロッパではアルブマサルの名で知られる。

アストロラーベ　天体観測機器として八世紀に考案された。

マンスールの没後も、ハールーン・アッラシードに仕えたイブラーヒーム・アルファザーリー、マームーンに仕えたアストロラーベ技師のアリー・ブン・イーサー、ムワッファクに仕えたアブー・マアシャル▲、ムウタディドに仕えたサービト・ブン・クッラなど、アッバース朝宮廷は著名な占星術師を輩出した。彼らの業績がイベリア半島を経由してヨーロッパに伝えられ、現代にまで連綿と続く西洋占星術の基礎を築きあげたことは、特筆してよいであろう。

　一方、イスラーム法学の分野では、スンナ派四大法学派の一つであるハナフィー派の祖、法学者アブー・ハニーファ（六九九?〜七六七）がいる。布地を扱う商人から身を起こして学者となった彼は、クーファで多くの弟子を集め、同地における法学研究の中心的存在となったが、バグダードの大法官になってほしいというマンスールの要請を断ったことから、カリフの逆鱗に触れて逮捕・投獄されてしまった。一説には、ハサン家の乱に際してムハンマドとイブラーヒームの兄弟に好意的な発言をしたことが、投獄の理由であるともいわれている。宮廷の保護を受けて活躍する学者がいる一方で、アブー・ハニーファのように権力に迎合しようとしない学者も存在したことは興味深い。彼のような人物は、その後のアッバース朝史においても数多くあらわれ、イスラーム知識人の在野精神を貴ぶ風潮につながっていくことになる。

アッバース朝とネストリウス派

ところで、前述したマンスールの典医イブン・ブフティーシューは、ネストリウス派のキリスト教徒であった。キリスト教東方諸教会の一つであるネストリウス派教会（アッシリア教会）は、総大主教座をササン朝ペルシア帝国の都セレウキア＝クテシフォンにおき、西アジアから中央アジアにかけての広大な地域に勢力範囲を拡げていた。ササン朝の国教はゾロアスター教であったが、ネストリウス派のキリスト教は敵国（＝東ローマ帝国）の反体制派として優遇され、ペルシア人に対する宣教をおこなわないという条件で、帝国内外での布教の自由を保証されたのである。▲

アラブの大征服によってササン朝が滅亡すると、ネストリウス派教会はアラブ＝ムスリムという新たな支配者と共存の道を探らねばならなかった。キリスト教徒の伝承によると、総大主教のイーショーヤヴ二世（在位六二八〜六四五）

▼**布教の自由**　ササン朝は多民族国家であり、支配層を構成するペルシア人の他にアラム人やアラブ人など様々な異民族が居住していて、彼らの多くがキリスト教に改宗した。

が第二代正統カリフのウマル（一説には預言者ムハンマド自身）と会談し、キリスト教徒のさまざまな権利を認めさせたといわれている。ただし、アラブ側の史料にはそのような話が伝えられておらず、真偽のほどは定かではない。いずれにせよ、続いて成立したウマイヤ朝はネストリウス派教会に対して冷淡だったらしく、世俗の政治権力を利用しながら教勢を伸ばしてきた彼らにとっては、苦難の時代であったといえるだろう。そのため、アッバース朝が自らの本拠地をネストリウス派教会の中心地であるイラクに定めたことは、この地のキリスト教徒にとって久しぶりの朗報であった。

マンスールが死去した直後、ネストリウス派のフナニーショー二世（在位七七三〜七八〇）は総大主教座をセレウキア＝クテシフォンからバグダードに移し、アッバース朝に対する恭順の意思を明らかにした。その後、ハールーン・アッラシードと親交の深かったティモテオス一世（在位七八〇〜八二三）が出るにおよび、ネストリウス派教会は繁栄の絶頂を迎えることになる。アッバース朝の保護のもと、彼らは中央アジア方面に積極的な伝道をおこない、イラン系やトルコ系の遊牧民族の間に多くの信者を獲得した。中国の陝西省《せんせい》で発見された

「大秦景教流行中国碑」が建立されたのも、ちょうどティモテオス一世の時代（七八一年）である。

アッバース朝の体制下において、ネストリウス派のキリスト教徒は「庇護民《ズィンミー》」▲の扱いを受けながらも、官僚、医師、科学者、間者など国家的に重要な役割をはたす者が少なくなかった。とくに、バグダードの南方にあったクンナー修道院（ダイル・クンナー）はアッバース朝の官僚養成機関として知られ、多くの書記官や宰相を輩出している。ネストリウス派というと「エフェソス公会議で異端宣告され、中国まで伝わって景教と呼ばれた宗派」のように習った人が多いと思うが、実際にはササン朝とアッバース朝の両帝国においてこそ、おおいに隆盛を誇ったキリスト教の宗派だったのである。

太子マフディー

サッファーフの遺言により、マンスールの次のカリフには甥のイーサー・ブン・ムーサーが即位することになっていた。この人物は、マンスールのもとで長らくクーファ総督を務め、先述したようにハサン家の乱ではムハンマドとイ

▼庇護民　ムスリムの支配に服従・協力するかわりに、一定の保護を与えられた非ムスリムを指す。ジズヤ（人頭税）の支払義務をはたす限り、生命・財産の安全と信仰の自由が保障された。

ブラーヒームの軍勢を撃破したことでも知られている。しかし、マンスールは彼にカリフ位を継がせたくなかった。自身の息子、マフディー▲を溺愛していたからである。バグダードの建設工事が順調に進んでいた七六四年、マンスールは突如として継承順位の変更を宣言し、太子の位をマフディーに与え、イーサー・ブン・ムーサーを次席とすることに決定した。当然ながら、イーサー・ブン・ムーサーは猛抗議したのであるが、マンスールからさまざまな嫌がらせを受けて音をあげてしまい、とうとう新しい序列に同意させられてしまったということである。

質実剛健なマンスールに比べると、太子のマフディーは対照的に柔和な性格であった。革命の荒波を生き残ってきた父とは異なり、物心ついたときから宮廷の召使や女官にかしづかれて育ったのであるから、それも当然のなりゆきである。このもの静かな息子を鍛えようという親心であったのか、マフディーは七五八年からライの総督に任ぜられたが、仕事はすべて配下の家臣たちがかたづけてしまい、大した業績もないままにイラクへ帰ってきてしまった。マンスールは、ティグリス河の東岸に息子のための宮殿を建て、マフディーはここを

▼マフディー　本名はアブー・アブドゥッラー・ムハンマド（在位七七五～七八五）。ウマイヤ朝時代末期の七四四年頃に生まれ、マンスール即位当時は一〇歳であった。

▼ディーナール　金の重量単位および貨幣単位。当時の標準は四・二五グラムだが、時代や地域によって差がある。

根城として、妻子に囲まれながら優雅な生活を送ったのである。

　父のマンスールは、役人をクビにするたびに全財産を没収し、これをマザーリム庫と呼ばれる金庫に貯め込んで、「お前が即位したら当人たちに返せ。そうすれば人々の賞賛をえられるだろう」とマフディーにいい聞かせていた。はたして、マフディーは父が投獄していた政治犯を片っ端から釈放して財産を返却し、情け深い仁君としての名声を欲しいままにすることができたのである。そればかりでなく、マフディーは優秀な学者や詩人を次々と召し抱えてそばにおき、気の利いた発言をするたびに莫大な報償を与えるなど、気前の良さでは余人の追従を許さなかった。

　あるときなど、狩の最中に食事を御馳走になったからといって、一介の農夫に千両箱を与えたこともあったそうである。あまりにも出費が激しいため、即位したときに金貨一四〇〇万ディーナール▲、銀貨六億ディルハムもあった国庫の蓄えを、マフディーは一代で使い切ってしまった。極端な浪費癖は君主として困ったものであるが、マフディーが実際に温厚な人柄であったのは確かなようで、さまざまなアラビア語史料には彼の慈愛に満ちた性格をうかがわせる逸

▼歯ブラシの木　アブラナ目サルヴァドラ科の低木。枝はアラビア語でミスワークと呼ばれ、噛み砕いて歯ブラシにする。預言者ムハンマドの時代から、現代にいたるまで広く使われている。

ミスワーク

話が数多く残されている。そのなかから、一つだけ印象的なエピソードを紹介しておきたい。

マフディーがまだ太子であった頃の話である。父のマンスールは厳格な人物であったため、バグダードの宮廷内ではいっさいの遊びごとが禁止されていたのであるが、ある夜、アブド・アルアズィーズという年若い王子の一人(マフディーの弟)が遊牧民の扮装をしてラクダにまたがり、そのまま宮殿に入ってくるという悪ふざけをしたことがあった。脇にぶらさげた袋には、革のサンダルや歯ブラシの木▲など、いかにも遊牧民がもってきそうな貢ぎものを詰め込んでいるという凝りようである。あわてた廷臣たちは、父君に見つかっては大変だというので早々に彼を追い返したのであるが、期待した反応がえられなかった王子のほうは、しょんぼりと宮殿をあとにするしかなかった。そこで、今度はマフディーのところへ行ってみようと思い立ち、ラクダに乗ったままティグリス河の橋をわたって、対岸にある兄の宮殿を訪れたのである。

「兄上に貢ぎものをもって参りました!」

出てきたマフディーは一瞬驚いたが、すぐに優しい顔になり、

「御苦労であった。褒美として、これを取らすから受けよ」

といって、貢ぎものが入っていた袋を銀貨で一杯にしてくれたということである。

マンスールの最期

七七五年、自らの運命を知ってか知らずか、マンスールはメッカ巡礼の旅に出た。その準備中、大きな隕石が落下して流れ星が見えたらしいが、これも不吉な前兆であった。クーファの町を出発したあと、マンスールは急に胃の具合が悪くなり、インド人医師の処方した薬を飲みながら聖都をめざしたが、メッカに近づく頃には、いよいよ深刻な容態となってしまった。一説には、赤痢にかかったのではないかともいわれている。目的地まであと一日行程という場所に辿り着いて宿舎に入ると、マンスールは壁の上に次のような詩句が書き記されているのを見つけた。

慈悲深く、慈愛あまねき神の名において
　マンスールよ、お前の死は近い

お前の時代は終わろうとしている
　誰も神の定めから逃れることはできない
マンスールよ、お前の雇った魔術師や占星術師に、
　死の痛みを押しとどめることなどできはしない

不気味な文言に怒ったマンスールは、宿営地の責任者を呼び出して叱りつけた。

「なぜ宿舎に曲者《くせもの》を入れたのだ」

「いえ、誰も入った者はおりません」

「だったら、これを読んでみろ！」

壁を指差しながらマンスールが怒鳴ると、宿営地の責任者はきょとんとした顔つきで答えた。

「カリフよ、なにも書かれておりませんが」

ますます怒り出したマンスールは、侍従を呼びつけて同じやり取りをしたが、結果は変わらなかった。

（私だけに見えているのか……）

神兆を目のあたりにしたマンスールは自分の運命が決したことを悟り、侍従に命じてコーランの一節を唱えさせた。そして翌日、メッカ入りのために涸谷を通過しているとき、突然よろめいた馬から落ちて背骨を折り、命を落としたのである。七七五年十月七日、享年には諸説あるが、おそらく六〇代の前半であった。マンスールに同行していたラビーウ・ブン・ユーヌスは、ただちにマフディー即位の手筈を整え、臣下の者たちから無事に忠誠の誓いを取りつけた。こうして、二十年あまりにわたる帝王マンスールの治世は幕を閉じたのである。その後、モンゴル軍の侵攻によってバグダードが陥落する一二五八年まで、アッバース家は三十五代のカリフを輩出することになるが、彼ら全員がマンスールの子孫であった。マンスールは、血統のうえでもアッバース朝の実質的な「祖」となったのである。

マンスールが残したもの

マンスールという人物は、歴史上の偉人としてストレートに愛されるタイプではないかもしれない。非常に癇が強く、平然と敵の血を流し、どこまでも疑り深い性格であったとなれば、それもいたし方ないことであろう。彼の統治ぶりを一言で表現するとすれば、「恐怖」という言葉こそがもっともふさわしいのではないだろうか。敵も味方も、マンスールの一挙手一投足に震えあがり、固唾《かたず》を飲んで嵐が過ぎ去るのを待つのが常であった。しかし、マンスールが成しとげた業績の数々は、そうした彼の人柄に負うているところも大きい。政敵を容赦なく粛正して子孫の権力基盤を固めたこと、莫大な金銀を費やして巨大な新都を建設したこと、異民族出身のマワーリーを登用してアラブの既得権益を排除したこと――いずれも、彼ほどに剛腕の持ち主でなければはたしえなかったものばかりである。

彼自身がどこまで未来を見とおしていたのかはわからないが、マンスールが実現した業績のいくつかは、結果的に世界史の流れそのものを大きく変えることになった。新都バグダードの建設は、西アジアの中心部に巨大な消費市場を出現させ、ここを結節点としてユーラシア大陸の全土を結ぶ国際的な交易ネットワークを成立させた。異民族出身のマワーリーを積極的に登用したことは、「民族を問わずムスリムであれば平等に扱う」という国家体制の新しい原則を生み出し、西アジア諸民族の急速なイスラーム化を促すことになった。マンスールは、「イスラーム文明の興隆」という新たな時代への扉を開いたカリフだったのである。

最後に、ある宮廷詩人が詠んだマンスールへの挽歌を紹介して、本書の締めくくりとしよう。

　何たる訃報を届けてくれたのか
　　どうしてそんなことを口にできたのか
　死の運命に出くわしても
　　運命の方を打ち倒しそうな王であったのに
　誰かがあの方に砂を投げつけるなら
　　その手に一本の指も残りませんように
　諸国は彼の力に従い
　　人間もジン▲も恐れて目を伏せていたというのに
　ザウラー▲の主はどこへ行ってしまったのか
　　二二年もの御代を謳歌したあの方は——

▼ジン　イスラーム社会で信じられている妖魔のことで、人間とは別に神が創造した生物とされる。詩の原文には「二つの重い荷物は恐れて……」とあるが、これはコーラン第五五章三一節の「ほんにお前らは両方とも重い荷物」からの引用。この章句は伝統的に、人間とジンの双方を指すと解釈されている。

▼ザウラー　バグダード西岸を指す異名の一つで、原義は「背骨の曲がった女」。円城の大モスクが、正確にメッカの方角を向いていなかったことからついた渾名。

マンスールとその時代

西暦	齢	おもな事項
632		預言者ムハンマド死去。
634		第二代正統カリフ・ウマル即位。アラブの大征服始まる。
656		第四代正統カリフ・アリー即位。第一次内乱勃発（～661)。
661		ムアーウィヤ即位、ウマイヤ朝の成立。
680		カルバラーの悲劇。
683		第二次内乱勃発（～692)。
685		ムフタールの乱。
710頃		アッバース家がフマイマ村に移住。
711		ウマイヤ朝のイベリア半島征服が始まる（～714)。
713頃	0	マンスールの誕生。
716	3	ムハンマド・ブン・アリーがアブー・ハーシムからイマームの権利を委譲される。
732	19	トゥール・ポワティエ間の戦いでウマイヤ朝軍がフランク王国軍に敗れる。
743	30	ムハンマド・ブン・アリー死去、イブラーヒームがアッバース家当主になる。
744	31	アブドゥッラー・ブン・ムアーウィヤの乱。
745	32	アブー・ムスリムがホラーサーン地方に派遣される。
747	34	アッバース朝革命が始まる。
748	35	イブラーヒームが逮捕される。
749	36	サッファーフがアッバース朝初代カリフとして即位。
750	37	大ザーブ河の戦いによりウマイヤ朝滅亡。
751	38	タラス河畔の戦いで，アラブ軍が唐軍を破る。
754	41	マンスール即位。アブドゥッラー・ブン・アリーの乱。
755	42	アブー・ムスリムの暗殺。スンバーズの乱。
756	43	イブン・アルムカッファアの処刑。
758	45	ラーワンディーヤ事件。
762	49	バグダード建設開始。ハサン家の乱。
764	51	マフディーを太子に指名。
766	53	バグダードの円城が完成。
767	54	イブン・イスハーク没。
770	57	ラビーウ・ブン・ユーヌスが宰相になる。
775	62	マンスール死去。マフディー即位。
786		ハールーン・アッラシード即位。
812		アミーンとマームーンの内乱（～813)。戦火によりバグダードの円城が崩壊。

参考文献

医王秀行『預言者ムハンマドとアラブ社会――信仰・暦・巡礼・交易・税からイスラム化の時代を読み解く』福村出版，2012年
イブヌ・ル・ムカッファイ（菊池淑子訳）『カリーラとディムナ――アラビアの寓話』平凡社，1978年
イブン・イスハーク著，イブン・ヒシャーム編註（後藤明・医王秀行・高田康一・高野太輔訳）『預言者ムハンマド伝1～4』岩波書店，2010～12年
高野太輔『アラブ系譜体系の誕生と発展』（山川歴史モノグラフ16）山川出版社，2008年
小杉泰『イスラーム帝国のジハード』（興亡の世界史6）講談社，2006年
後藤明『ビジュアル版イスラーム歴史物語』講談社，2001年
佐藤次高『イスラームの歴史1 イスラームの創始と展開』（宗教の世界史11）山川出版社，2010年
佐藤次高『イスラーム世界の興隆』（世界の歴史8）中央公論新社，2008年
佐藤次高編『西アジア史Ⅰ アラブ』（新版世界各国史8）山川出版社，2002年
嶋田襄平『イスラームの国家と社会』岩波書店，1977年
嶋田襄平『初期イスラーム国家の研究』中央大学出版部，1996年
清水和裕『軍事奴隷・官僚・民衆：アッバース朝解体期のイラク社会』（山川歴史モノグラフ9）山川出版社，2005年
前嶋信次『イスラーム世界』（世界の歴史8）河出書房新社，1989年
前嶋信次『アラビアの医術』平凡社，1996年
前嶋信次『イスラームの蔭に』（生活の世界歴史7）河出書房新社，1991年
森本一夫『聖なる家族――ムハンマド一族』（イスラームを知る4）山川出版社，2010年
Arnaldez, R., *Les grands siècles de Bagdad*, vol.1, Alger, 1985
Donner, F. M., *The Early Islamic Conquests*, Princeton, 1981
Kennedy, H., *The Prophet and the Age of the Caliphates*, Pearson Longman, 2004
Kennedy, H., *When Baghdad Ruled the Muslim World*, Da Capo Press, c2004
Kennedy, H., *Al-Mansūr and al-Mahdī* (The History of al-Ṭabarī 29), Albany, 1990
McAuliffe, J.D., *'Abbāsid Authority Affirmed* (The History of al-Ṭabarī 28), Albany,1995
Shaban, M. A., *The 'Abbāsid Revolution,* Cambridge, 1970
Sharon, M., *Black Banners from the East*, Leiden, 1983
Sharon, M., *Revolt: The Social and Military Aspects of the 'Abbāsid Revolution,* Jerusalem, 1990
Strange, G. Le, *Baghdad during the Abbasid Caliphate*, Oxford, 1900
Strange, G. Le, *The Lands of the Eastern Caliphate*, Cambridge, 1905
Williams, J.A., *The 'Abbasid Revolution* (The History of al-Ṭabarī 27), Albany, 1985

図版出典一覧

Kennedy, H., *When Baghdad Ruled the Muslim World*, Da Capo Press, c2004 *11*
週刊朝日百科『世界の歴史34』朝日新聞社 1989年 *49*下
東洋文化研究所提供 扉, *64*右
ユニフォトプレス提供 カバー表, 裏, *3, 19, 34, 37, 41*
PPS 通信社 *70*
WPS 提供 *64*左
著者提供 *71*

高野太輔(こうの たいすけ)
1968年生まれ
東京大学大学院人文社会系研究科博士課程修了
専攻，初期イスラーム史
現在，大東文化大学国際関係学部教授
主要著書・訳書
『アラブ系譜体系の誕生と発展』(山川出版社 2008)
イブン・イスハーク著，イブン・ヒシャーム編註『預言者ムハンマド伝1～4』
(共訳，岩波書店 2010-12)

世界史リブレット人⑳
マンスール
イスラーム帝国《ていこく》の創建者《そうけんしゃ》

2014年10月30日　1版1刷発行
2022年7月31日　1版2刷発行
著者：高野太輔《こうのたいすけ》
発行者：野澤武史
装幀者：菊地信義
発行所：株式会社 山川出版社
〒101-0047　東京都千代田区内神田1-13-13
電話　03-3293-8131(営業)　8134(編集)
https://www.yamakawa.co.jp/
振替　00120-9-43993
印刷所：明和印刷株式会社
製本所：株式会社ブロケード
 ISBN978-4-634-35020-5